果を
理由

野村克也
Nomura Katsuya

a pilot of wisdom

はじめに

「野村－野球＝ゼロ」。私は常々そう言ってきた。もし野村克也《のむらかつや》という人間に、いまだに何か存在意義があるとすれば、それは野球がすべてである。私は野球以外について語るべきものは何も持ち合わせていない。

私が現役選手を引退して野球評論家になったとき、全国のいろいろな方々から「講演会をお願いしたい」と声をかけていただいた。大変光栄なことではあるが、こちらは野球のことしか知らないし、しゃべれない。野球教室や野球関係者が集まる場所でなら喜んでお話をさせてもらうけれど、それ以外の場所では私など、ぜんぜん、お呼びではないだろう。

ところが、「野村の話を聞いてみたい」というオファーは、どうも野球とは関係のない組織や団体からのものも多かった。

「そんな場所に私などがのこのこ出かけていって、いったい何を話せばいいのだろう」

そう尻込みした。こう見えても、私は自分の分というものをわきまえているつもりだ。呼んでくれている方々の名前を見ると、私のような野球バカでさえよく知っている有名企業や各行政機関や団体がいくつも入っている。そういう人たちの前で、得々と話せるほど私は恥知らずでもないし、何よりみなさんのお耳汚しであり大変な時間のムダ遣いをさせてしまう。

そこで、私は師と仰ぐ人に相談をした。

「先生。私ごときに、今、講演の依頼が殺到しているんですが、やってもいいのでしょうか？」

すると、当代きっての知識人、草柳大蔵《くさやなぎだいぞう》さんは間髪容れずにこう言った。

「そりゃあ、野村君。ぜひ、おやりなさい」

「え！ やってもいいんですか？ でも、先生。そもそも、私は何をしゃべればいいのか、さっぱり見当がつきません」

「野球のことだけを話せばいいのです」

「あまり野球とは関係がなさそうな人たちを前にして、野球の話だけでいいんですか？」

「そうです。むしろ野球のこと以外は、しゃべっちゃいけません。すべて野球の話であっても、聞くほうは、ちゃんと自分の仕事に役立てようとして聴いたり、生き方の参考にしようとしたりして聴いてくれます。野村君は何も心配せず、とっておきの野球の話をすればいいんです。野球の話なら、君はだれにも負けないでしょう?」

「はい。野球のことだけなら、いくらでもしゃべれます。それでいいなら、明日からさっそくどこへでも出かけてきます」

草柳さんのアドバイスのおかげで、私の気持ちは急に楽になった。当時、草柳大蔵といえば、人気ナンバーワンの文化人。本を出せば売れるし、テレビに出れば大人気だし、講演会は大入り満員。博覧強記のインテリにして、売れっ子タレント並みに女性ファンも多い。そんな人から「野球の話だけをしなさい」という金言をもらったからこそ、今日まで曲がりなりにもマイクやカメラの前に座ったり、人前で話したり、こうして本を書かせてもらうことができたのだ。

講演会や本などというと、「ためになる話をしなきゃいけない」とか「良識も見識もある話をしなきゃいけない」と思って身構えてしまう。そうすると、ついつい、どこかで聞きかじったような話や付け焼刃で調べたようなことを話そうとしてしまう。

しかし、そんなものは、だれも求めていない。そんなマネをしてもボロが出るだけだし、それこそ、だれのためにもならない。私は草柳大蔵とは違うのだから、自分が得意な分野で勝負すればいい。何といっても「野村－野球＝ゼロ」なのだ。野球の話以外、私に何ができようか。

逆に言えば「野球の話しかしちゃいけません」という教えのおかげで、調子に乗って余計な分野に首を突っ込んだり、専門外のことにまで口を出したりして恥をかかずにすんだ。

そして、この本も、野球人たる野村克也の著書である。ご多分に洩れず、野球の話に満ちている。しかし、本書はこれまでの私の著書とは大きく異なるところがある。それは、ここで紹介した野球のエピソードが、実は野球以外の分野でも、そのまま役に立つ話として読んでもらえるように工夫したということだ。

言うまでもなく、本の内容自体は野球の話に終始している。政治や経済の話が紛れ込んでいるわけではない。ただ、仕事で悩んだり壁にぶつかったりした人や、何か生き方のヒントを見つけたいと思っている人が、「ああ、そうか」と感じたり気付いたりしてもらえるような野球の話だけを選んで書いた。

これまで、多くの読者のみなさんの感想を聞かせていただいたり、講演に来てくださったみなさんの声を聞かせていただいたりした中で確信したことがある。それは、自分の専門分野を究めようとして生きてきた人たちは、みなそれぞれに辿《たど》り着いた真理や原理原則を持っているということだ。

そして、そういう人たちは、私の野球の話を見聞きして、口々にこんな感想を聞かせてくれた。

「野村さんの話を聴いて、私の会社とまったく同じだと思ったことがたくさんありました」

それを自分の仕事に重ねて今後に活《い》かしたり、周囲の人たちに教えたりしているというのだ。

「同じ教訓でも、自分の仕事や会社の話だけだとピンとこないことがあるんですが、野村さんの野球のエピソードを引き合いにすると、一気に腑《ふ》に落ちることがあるんです」

たとえば、最近の話で言えば、講演会でかならず質問されるのは「なぜマー君は負けないのか?」ということだ。その詳細は本文でじっくり読んでいただくとして、要点はこうだ。

「マー君が負けない理由は、その投球スタイルや球種という専門的な部分もあるが、「チームメイトの信頼がだれよりも厚いから」という側面も大きい。マー君の野球に取り組む姿勢、チームが勝つことに対する強い思いやチームメイトへの熱い思い。そういうものが、チーム内の「マー君が投げる試合は負けないぞ」という気運になっていく。それが、マー君が投げるボールそのもの以上に大きな戦力となって、マー君は何連勝もするというわけだ。

そこには、野球の技術や理論といった専門性を超えた普遍的なテーマが見出せる。つまり、その人が他の人に比べて抜きん出た結果を出しているのは、その技術や方法論ということ以上に「信頼」や「周囲を巻き込む力」によるものだということである。これは、野球以外の仕事の現場でも、まったく同じではないだろうか。

そして、野球にはこういうエピソードが満ちている。なぜあの選手は活躍できるのか。なぜあのチームは勝てるのか。なぜあの監督は勝てるのか。そこには、「マー君が負けない理由」と同じように、組織や個人が成果を上げるべくして上げている普遍的な理由がある。その逆に、なぜ勝てないのか、なぜ結果が出ないのか、なぜダメなのかという現象にも、当然、普遍的ともいうべき理由がちゃんとある。

往々にして、野球には「あの選手とこの選手は同じような素質なのに、なぜこうも結果が違うのか」ということがある。しかも、そこには「二人とも同じように努力をしているのに、なぜこんなに結果に差がついてしまったんだろう」という場合もしばしばある。さらには「あの選手はあんなにがんばっているのに結果が出ない」ということがある反面、「あの選手はたいして努力しているように見えないのに、なぜか結果を出す」という逆転現象のようなことすらある。がんばっている選手がさっぱり打てなくて二軍暮らしで、たいしてがんばっていない選手がレギュラーで今日もホームラン。こうなってくると、なぜ野球の神様はこんなにアンフェアなことをするのかと嘆きたくなるかもしれない。

ところが、よくよくその選手の「努力」と「成果」を見てみると、やはり原因と結果が強く結ばれていることがわかる。それは、正しい努力をしているのか、それとも、まちがった努力をしているのか、ということだ。

そして、その「正しい努力」「まちがった努力」というのは野球の専門的な問題もあるが、これもまた普遍的な問題であるケースがたくさんある。つまり、「マー君が負けない理由」と同じように野球に限らず通用するテーマなのだ。

みなさんの仕事の現場や実生活の中では、野球とまったく同じように「なぜあの人はがんばっているのに結果が出ないんだろう」という人もいれば、「なぜあの人は遊んでばかりいるのに結果を出すんだろう」という現象が頻繁に起きていることだろう。その原因と結果については、きっと本書に示した野球の話と共通項が見出せるに違いない。

そういう野球の事例をこの本では、一つ一つ検証し、整理してみた。なぜあの人は結果を出し、なぜこの人は結果を出せないのか、さまざまな角度から解き明かしてみた。それはつまり、野球以外の仕事の現場や実生活の中でも、そのまま参考にしてもらえるはずだ。私はそう信じている。

目次

第四章　チャンスを逃さない人はここが違う

第五章　結果を出す指導者の条件

構成／松橋孝治
編集協力／髙木真明
取材協力／株式会社ＫＤＮスポーツジャパン

第一章　同じ努力でも、なぜ結果に差がつくのか？

努力はウソをつかない。されど、まちがった努力はウソをつく

しっかり努力して、いい結果を出したい。ちゃんとがんばって、いい仕事をしたい。そう思ってがんばっているのに、どうも結果が出ない人というのが、いつの時代にも、どの世界にもいるものだ。私も長い間、野球という世界にいて、そういう選手をたくさん目にしてきた。

同じように努力をしているのに、いい結果を出す人と、悪い結果しか出せない人がいる。そういう例を数多く見てきた。いったい、それはどうしてなのか。早くその答えを自分で見つけて結果を出すのがプロフェッショナルというものである。あるいは、努力が結果に結び付いていない人がいたら、その原因を客観的に見抜いて的確な指摘をするのが、プロの指導者というものである。

なぜ一生懸命に努力をしても、いい結果が出ないのか。その答えは、実はとても簡単なことだ。努力の仕方がまちがっているのだ。つまり、同じ努力にも正しい努力と正しくな

い努力がある。努力に結果が伴っていない人というのは、正しい努力をしていないのだ。正しくない努力、まちがった努力とは、考え方がまちがっている場合もあるし、無知や勘違いや思い込みによる場合もあるし、方向性や方法論がまちがっている場合もある。そこに気付いて正しい努力をすること、あるいは、正しい努力をするように仕向けてあげることなしには、いい結果は望めない。「努力」＞「結果」という残念な式を「努力」＝「結果」という理想の式に変えるためには、努力の中身を見直してみる必要がある。

「がんばって努力したから、ちゃんと報われた。めでたし、めでたし」という成功物語は「がんばって正しい努力をしたから」という前提条件があってこそ「めでたし、めでたし」という結末につながるのだ。

努力は、いつかかならず報われる。私自身、そう信じてきたからこそ、若いころから努力を重ねてこの世界で生きてきた。そもそも、私はエリートとは正反対、叩《たた》き上げの野球人だ。まったく無名の高校の、名もない選手がプロ野球の入団テストを受け、かろうじて拾われた。早々にクビになりかけながら、必死に生き残り、何とかレギュラー選手になった。タイトルを獲《と》り、優勝も経験し、おまけに監督としてチームを率いる機会まで与えられた。その後また何度もクビになったり拾われたりしながら、しぶとく生き残ってきた。それはなぜかと問われれば、やはり努力しかない。私が好きな言葉はたくさんあるが「努力はウソをつかない」というのは、もっともベーシックなところで信じてきた言葉だ。

私は決して恵まれた才能があったわけでもないし、恵まれた環境におかれたわけでもない。田舎のドン臭い青年が、これほど長くプロ野球の世界に生息することができたのは、そんな人間を引き立ててくれる人たちがいたからだ。これは「がんばって努力していれば、かならずそれを見てくれる人がいる」ということだ。

私は自他ともに認める「処世術0点」の人間だ。憎まれ口はいくらでも叩くけれど、お世辞の一つも言えない。ゴマもすれない、好感度を上げる術《すべ》も知らない、保身の術など一切知らない。そんな人間が生きていくためには、自分の身一つで勝負するしかない。この身体と頭を四六時中、フルに使って実力を身に付け、それをすべて発揮して頭角を現し、結果を出していくしかない。「野村は可愛《かわい》げも何もないが、こいつを使わないと勝てない」と認めてもらうしか生き残る道はないのだ。

どんな仕事もそうだろうが、プロ野球という世界も、一見華やかに見えて、日々激しい生存競争の中にある。毎年、多くの有望な新人選手が入団し、多くの選手が退団を余儀なくされる。プロ野球選手の枠自体があらかじめ狭い上に一軍選手の枠はさらに狭く、レギュラー選手の枠となると野球には基本的に一チームに九つのポジションしかない。その枠を勝ち取り、長くその座に居続け、そして、いざ敵との勝負に臨んで勝たなければならない。

幸か不幸か、私は長い野球人生において、常に「持たざる者」として勝負しなければならなかった。テスト生上がりの選手が人気もお金もないところから這《は》い上がり、監督に就任した球団はすべて戦力の乏しい状態からの出発だった。そういう環境におかれながら、戦力も資金力も豊富で、恵まれた環境におかれた相手と戦って勝つためにはどうすればいいのか。

そこで、恵まれたチームや恵まれた選手たちと同じ程度の努力をしていたら、とても勝ち目はない。南海ホークスの入団テストを受けたときから東北楽天ゴールデンイーグルスの監督の座を退くまでの六〇年間、私はずっとそういう戦いをしてきた。

その中で勝つためには、恵まれた相手以上の努力をしなければいけないのは当然だが、そこには努力の「量」の問題以上に「質」の問題が重要になってくる。質の高い努力、理にかなった努力、つまり、より正しい努力をしなければならない。まちがった努力などしている暇や余裕は一切ないのだ。

ずっとそういう環境に身をおいてきたおかげで、「正しい努力とは何か」を追求するのは必然だった。それを実践して勝負に臨まなければいい結果は出せないというのが、この身に染み付いている。自分自身や他の選手の練習を見て、「この努力は正しいか、まちがっているか」ということをすぐに察知したり的確に判断したりできなければ、その選手の努力が実らないだけでなく、結局はチームの戦力も上がらない。

また、チーム全体として「何のためにどういう努力が必要か」を明確に示したり、そのときどきのチーム状況に応じた取り組み方を打ち出したりできなければ、チーム全体の努力が実を結ばないままに終わってしまう。

さらに言えば、持たざる者が恵まれた者に勝とうと思ったら、正しい努力だけではまだ足りない。さらなる知恵と工夫をする努力、新たな発想やユニークなアイデアを生み出す努力をしなければ互角以上の勝負はできない。そこから生まれたのが、私の場合、『野村ノート』であり、『野村再生工場』であり、『野村の考え』である。そして、それらは、言い換えれば「正しい努力」の「基本編」や「応用編」なのだ。

正しい努力に気付く人、気付かない人

野球というのは実に面白いスポーツだ。浅く考えても野球はできるし、深く考えても野球はできる。だから、少年野球も楽しいし草野球も楽しい。プロ野球を見るのも楽しいし、プロ野球でプレーしたり指揮したりするのも面白い。

プロ野球の中には、深く考えないでも大活躍したり優勝したりという現象がしばしば起こる。それは天才の集団だからだ。アマチュア野球からプロ野球の世界に入ってくるのは、ほんの一握りのトップ選手。彼らは高校野球や大学野球、社会人野球の中では飛び抜けた選手たちである。小さいころから「この学校が始まって以来の天才」とか「県下随一の剛速球投手」などと言われてきた人たちだ。

だから、彼らは何も考えなくてもだれよりもホームランを打ったり、たいして努力をし

なくてもマウンドに上がるだけで三振の山を築いたりして、苦もなくプロ野球選手になった人が少なくない。

ところが、プロ野球とは、全国からそういう選手ばかりが集まってくる場所だ。その中で、たいして努力もせずに活躍できる「天才の中の天才」というべき選手もいることはいるが、多くは「さあ、ここからが本当の勝負だ」と目の色を変えなければ勝ち残っていけない。

そのことに気付き、プロ意識を持ち、しっかり努力をしていければ、一流選手になったり高額の年俸を手にしたりもできる世界だが、残念ながらそこまで辿り着ける選手のほうが実は少ない。それは、気付くのが遅かったり気付かないままだったりして「正しい努力」ができないことが最大の理由である。

つまり、私の場合はエリート選手でもなければ才能に恵まれた選手でもなかったから、恵まれた人たちの何倍もの「正しい努力」を積み重ねるしか道がなかった。質的にも量的にも、よりよい努力をしなければ生き残れなかった。しかし、そのことに無自覚でもやってこられた選手は、往々にして「正しい努力とは何であるか」をしっかり見つけられないままに野球を続けていることがある。

もちろん、プロ野球選手である以上、みんな結果を出したい気持ちは強い。活躍できなければ、やがてユニフォームを脱がなくてはならなくなる。どんなに天才であっても「過去の天才」に高額な給料を払う球団はない。だからこそ、選手たちは努力をする。猛練習もする。でも、それが正しい努力でなければ、結果にはつながらない。いくら努力をしても、ただ時間と労力を費やしてしまうことになる。

残念ながら、そうやって消えていった選手たちが昔も今もたくさんいる。「あんなに素質があった選手が、なぜこんな末路になったのか」「あれほどがんばって練習していたのに、なぜ芽が出なかったのか」という話がいくらでもある。

そうした中で、縁あって私と同じチームで一緒に野球をしてきた選手たちの中には、あるとき「正しい努力とは何か」に気付いて急成長を遂げたり、再生を果たしたりした例がいくつもある。そういう選手たちを間近で見たり、接したりしてきたこと。それがこの本のテーマ「野球以外の分野でも通用する『正しい努力』と『まちがった努力』の違い」のエキスである。

「プロ野球は天才の集団なんだから、一般の仕事や実生活の場とは、わけが違うんじゃないか」と思う人もいるかもしれない。しかし、私はそう思わない。現に、同じように努力をしているのに、この選手は大活躍をして、あの選手は退団に追い込まれたというケース。同じ選手が、あるときを境に別人のような活躍をし始めたケース。まったく勝てなかったチームが、あることをきっかけに優勝争いに加わったケース。つまり、一生懸命に努力をしていたのに結果が出なかった人が、正しい努力をしたことによって結果が出たという事例は枚挙にいとまがない。

そこには、野球の専門的な技術や理論の話を超えた普遍的なテーマがある。それは、どんな分野でも起こり得る「人や組織の問題点の原因と対策」につながっているはずだ。たとえば、ものの考え方、ものの見方、精神的な問題、自信と不安、目的意識や理想、取り組む姿勢、こだわりと柔軟性、人間性や人格、人間関係、信頼関係……。そうしたさまざまな面で、その選手やチームは「どう気付いて、どう意識が変化して、やることがどう変わったのか。それによって何が起きたのか。そして、結果がどう変わったのか」。私の目の前にいた選手たちが練習やミーティングで何をして、試合や一つ一つのプレーがどうなっていったのか。それは、たまたま野球のグラウンドで起こっただけであって、別のフィールドでも同じような現象が起きるに違いない。そういう事例を具体的な選手のエピソードを紹介しながら解説していきたい。解説は私のもう一つの本業である。

なぜマー君は負けないのか

なぜ田中将大《たなかまさひろ》というピッチャーは負けないのか。これは、だれしも興味を抱くテーマであろう。私自身、入団一年目のマー君を間近で見ていて、「なぜこの子は負けないんだろう?」と不思議に思うことが再三あった。

すごいピッチャーが、ものすごいボールを投げて、だれにも打たせず勝ち続けるという話なら、とくに不思議ではない。事実、そういうピッチャーは過去に何人かいた。しかし、マー君は違う。どういうボールをどんなふうに投げるかという野球理論や投球技術とは別の要素が「負けない理由」になっている面が多々ある。

私が楽天の監督に就任した年、マー君は高卒のルーキーとして入団してきた。だれが見ても、いきなり一軍のマウンドに上げて、じゃんじゃん投げさせるべき一八歳の逸材だったかといえば、かならずしもそうではない。まず二軍でじっくり育てて、機が熟したら一軍に上げるのが妥当だという考えもあった。

しかし、球団創設わずか二年目、一二球団でもっとも選手層が薄い楽天のチーム事情で、先発できるピッチャーが決定的に足りなかった。マー君に即戦力の期待をせざるを得ないというのが実情だった。マー君の投球自体についていえば、ストレートはまずまずとしてスライダーには目を見張るものがあったので、「このボールがあれば、いけるかもしれない」と判断したのだ。

とはいえ、ついこの前まで高校生だった選手が順調に勝てるほどプロ野球の世界も甘くない。デビュー戦から3試合連続でノックアウトされてしまった。ところが、あれだけ打たれても点を取られても、どういうわけかマー君は負け投手にならない。デビュー4戦目には「この試合でまたKOされたら、さすがに二軍に落とそうか」と思っていたところ、強力なソフトバンク打線を抑え切って勝ってしまった。

その後も、マー君が投げた試合は、なぜか負けない。マー君がいいピッチングをしたときに勝つというだけではなく、マー君が大量点を取られても、どういうわけかその後で味方打線がそれ以上の点を取り返してしまう。打たれたマー君が負け投手にならないばかりか、打線のおかげで勝ち投手になるということも、しばしばあった。そういう現象を何度も目にして、私は思わず「マー君　神の子　不思議な子」と口にしたのだ。

野球という団体競技は、一人の力だけで勝てるものではない。とくにピッチャーは自分がナイスピッチングをして1失点に抑えても、味方打線が点を取れなければ0対1で負けてしまう。逆に自分が崩れて6点を失っても、味方が7点以上取り返してくれれば勝ち投手になることもある。

そういう巡り合わせの中、マー君は二〇一三(平成二五)年の公式戦で28試合登板して、ただの1敗もしなかった。24連勝という前人未到の記録は、本当に神の子なのではないかと思いたくなるような結果である。

その後、メジャーリーグのニューヨーク・ヤンキースに移ってからも「負けないマー君」は健在だった。肘《ひじ》の故障さえなければ、さらなる驚異の不敗神話をニューヨークのファンに見せ付けていたことだろう。

それにしても、マー君はなぜこれほどまでに負けないのか。一つには「困ったときにはどうするか」という危機回避の能力が非常に高いことが挙げられる。

相手との勝負において、自分が相手を追い込んだときというのは、だれしも苦労はしない。問題は自分が追い込まれたときにどうするか。その対処能力が勝負を決める。バッターとの勝負において、ピッチャーがバッターを追い込んだときは、さして苦労はない。問題はピッチャーのほうが追い込まれた場合、どうするか。困ったときにどうするか。つまり、ここでどういうピッチングをするか。今どんなボールを投げるか、ということだ。

そういう場合、アウトコース低めいっぱいにストレートを投げ切ること。それがピッチングの「原点」だ。ここにズバリと投げ込む力を常々私は「原点能力」と呼んでいる。そして、マー君は困ったときに高い原点能力を発揮して危機回避できるピッチャーなのだ。

調子のいいときや優位に立ったときに、いい結果を出すのはだれでもできる。しかし、不調のときや劣勢に立たされたときに、それをどうしのいでいくか。そういうときの対処能力が高いこと。それがマー君が負けない理由の一つなのである。

ラッキーな選手の見えざる習慣

マー君は打たれても不思議と負けない。マー君が投げる日は、なぜか打線がよく打ってくれる。そういう現象を見て「マー君は運が強い選手ですね。マー君はどうやって運を引き寄せているんでしょう」という質問をよく受ける。

私は占い師ではないので、それに対する答えは持ち合わせていない。運の善し悪しの根拠や対策については知る術もない。ただ、野球の世界では「持ってる」と言われるような選手はたしかにいるし、マー君をはじめ「どうしてこの選手には、しょっちゅうこういうことが起こるのかな」と感じる選手は昔も今も存在する。

ラッキーが重なる選手もいればアンラッキーが続く選手もいる。ピッチャーでいえば、マー君のように「彼が投げると、みんなよく打つ」というケースと、その反対に「彼が投げると、さっぱり打てない」というケースもある。

果たしてそれは運のなせる業か、それとも何か理由があってのことなのか。私は「運のせいだ」とは思っていない。運のせいにしても何の解決にもならないからだ。「運が悪くて勝てないからお祓《はら》いに行こう」という選手もいるが、それは解決方法とはいえない。

ただ、アンラッキーなことが続いたとき、よく「日ごろの行ないが悪いからだ」という言葉を耳にするが、これは、あながちウソではないと思う。それは「行ないが良いと神様が運を与えてくれて、行ないが悪いと罰を当てる」というような話ではなく、その人の日ごろの行ないを周りの人たちはちゃんと見ているという話だ。いい行ないをしている人は周りに評価され、信頼される。それがやがてはその人の援軍となったり協力者を増やしたりして、その人に大きな力を与えてくれるようになるのだ。

田中将大という選手は、その点、チームメイトからの信頼が非常に厚い。それが「負けない最大の理由」だといってもいい。

マー君は野球選手として高い意識を持っているだけでなく、「人として、こうありたい」という高い理想を持っている。そこが並みの選手で終わるか一流選手になるかという最初の分かれ目だ。

「一流選手とは、ただ野球が上手《うま》いというだけではなく、人間として尊敬できる存在でなければいけない」というのが私の持論だ。「試合でいい結果を出すだけではなく、野球に取り組む姿勢や普段の行ないが、他の選手のお手本になるような選手でなければ本当の一流選手ではない」と私は選手たちにずっと言い続けてきた。

プロ野球選手には、ただ野球が上手いというだけで若いときから厚遇されたり賞讃されたりしてきたせいで「野球さえ上手ければいい」と勘違いしたり、自分は特権的な人間だという思い違いをしたりする選手がいる。「いい野球選手である前に、よき社会人であれ」ということを自覚できなければ、ただの野球バカのままで終わってしまう。

王貞治《おうさだはる》、長嶋茂雄《ながしましげお》という日本球界の看板選手が、なぜあれだけ多くの日本人に愛され、「ONこそ一流選手の中の一流」と称され続けたのか。それは単に野球の成績が素晴らしかったからではなく、周りから尊敬されるような人格を備え、だれよりも野球に取り組む姿勢が真摯《しんし》だからである。

プロと名が付くのだから、野球の素質や技術が優れているプロ野球選手はいくらでもいる。しかし、その中で一流と呼ばれるのは、人格や人柄、取り組む姿勢や日ごろの行ないが伴っていなければいけない。

そして、マー君には、その心構えが常にある。「いい選手とは、どういう選手か」という問いに対して「子どもたちの目標になるような選手になりたい」という明確な答えを持っている。その上、いつも謙虚で、おごったところが見えない。入団してきたときから、だれに対してもそうだった。「この子はすごく謙虚だな。高校生とは思えないほどしっかりしている」と感じたことが、「開幕一軍」を決心した理由の一つでもあった。

ピッチャーというのは、性格的に「俺が俺が」で唯我独尊、お山の大将という人が多いものだが、マー君は決してそうではなかった。「ピッチャーらしからぬ謙虚な子。うぬぼれたところのない選手」という印象を受ける一方、芯《しん》は強く、高いプライドを内に秘めている。「これは大エースに成長するかもしれない」という予感を与えてくれる一八歳だった。

真のエースというものは、だれよりも速い球を投げたり、すごい変化球を投げたりして、たくさん勝ち星をあげることよりも、いかにチーム内で信頼されているかということが重要だ。チーム内の人たちは、日ごろからマー君の野球に取り組む姿勢や普段の行ないをよく見て知っている。マー君が人一倍の努力を重ね、チームに対する強い気持ちを持ち、勝利へのあくなき執念を持っているということをみんながわかっている。

だから、チームの選手たちには「田中はだれよりもがんばっているから、あいつを負けさせるわけにはいかない」「マー君が投げる試合は絶対に勝とう」という気運が生まれる。そのムードが選手全員の心に火をつけ、マー君がマウンドに上がる試合はみんながよく守り、よく打つというわけだ。

マウンド上のマー君は野手がナイスプレーをすると、その選手のほうに向かってグラブを叩いて感謝の拍手をし、賛美の声を上げている。3アウトチェンジになると、さっさとベンチに引き揚げてしまうことはせず、ファインプレーをした選手が戻ってくるまでベンチ前で待っていて、グラブでハイタッチをしてねぎらってからベンチに入る。

ピッチャーの仕事は重労働である。ヘトヘトになりながらバッターを抑え、やっとチェンジになってベンチに戻ってきたら、一秒でも早く腰を下ろして休憩したいときもある。マー君のような態度を示すのは、実はそんなに簡単なことではない。こうした姿勢も野手の信頼を高め、チームの士気を上げているのだろう。それが負けないマー君につながっているのだと思う。

「この人のためにがんばろう」と思われる人が大きな結果を出す

田中将大というピッチャーの信じられないような連勝記録は「田中のためにがんばろう」というチームメイトたちの強い思いがプレーとなって表れた結果でもある。いわば、チーム内のムードが戦力をより高めた結果の勝利。つまり、一種の無形の力がマー君の周りに働き、チームが勝つ。

これは、「この人のためにがんばろう」と周囲に思われる人間か、そう思われない人間か、それによって、その人自身の結果が変わってくるということを示していると言えるだろう。その人の思いや姿勢が周囲を巻き込んで大きな力となり、一＋一が二では終わらず、五にも一〇にもなって戦力を高めていくのだ。

そこには組織力を高めるために不可欠な信頼感というものがある。マー君の例でいえば、周りの選手たちはマー君を厚く信頼し、マー君はみんなを強く信頼している。その信頼感があるおかげで、一人一人の心の中から余計な不安が消え、自信が生まれる。それがいいプレーにつながる。だから点を取られてもあきらめることなく勝利を信じてプレーに集中し、逆転勝ちを収めることができるというわけだ。

そうした例が野球には昔も今もよく見られる。たとえば、私が現役時代、南海ホークスの杉浦忠《すぎうらただし》というピッチャーもマー君に負けず劣らず、チーム内で信頼された「真のエース」だった。

もちろんピッチング自体も一級品。私はただミットを構えてしゃがんでいるだけでよかった。リードも指示もほとんどいらない。杉浦のストレートが唸《うな》りを上げてくると、バッターはだれも打てないほどのボールだった。

それでいて杉浦は人格者だった。だれからも愛され、尊敬されている。チーム内には、まさに「杉浦のためにがんばろう」という空気があったし、「今日は杉浦が投げるから絶対に負けない」という信頼感もあった。そして、実際にみんなよく打ち、よく守った。

ところが、同時期にいたピッチャーで「どうもあいつが投げるときはみんな打てないなあ」と言われている選手がいた。ピッチャーとしての力量は杉浦にそう劣らない。球威もコントロールも変化球も優れた「勝てるはずのピッチャー」だった。

彼は根はいい男で私とも仲が良かった。ただ、なかなかの変人で理解されにくいタイプだったので、チーム内で少し浮いているところがあった。まあ、私も奇人変人ぶりでは負けていないので、だからこそ仲が悪くなかったのだろうが、とにかく彼のチーム内での存在感や信頼感は杉浦と正反対だった。

彼が投げる試合は、気の毒なほど打線が静かなことが少なくなかった。もちろん「あいつが投げるから打たないでおこう」などとはだれも思っていない。ただ、杉浦が投げる試合のときのムードとは少し違って「何が何でも打ってやろう」「絶対に守り切ってやる」という気運が、あまり見られないといえば見られなかった。それが、ここぞというときの差となって表れるのは否定できなかった。

よく言われるように、プロの世界は仲良し軍団がいいわけではない。仲が良くても悪くても、それぞれがプロフェッショナルとして、いい仕事をすればよいというのは正論だ。ただ、プロの組織であっても、現実にマー君や杉浦のような人もいれば、その反対のキャラクターで結果的に損をする人もいる。

そうであれば、プロであっても、いやプロであればこそ、人間性や姿勢が求められ、その是非によって周囲の評価も本人の成績も変わってくると言っていいだろう。

マー君にも「まちがった努力」はあった

田中将大は入団一年目、新人王に輝くほどの見事な成績を上げた。二年目はそれ以上の活躍をしてくれるだろうと私たちは期待したし、本人もそのつもりでがんばっていた。常に自己満足することなく自分自身に成長を求め、慢心することもなく努力を重ねていけるのが、マー君の最大の財産なのだ。

しかし、そういうマー君でさえ、正しい努力を見失うことがある。一生懸命に努力をしてはいるけれど、まちがった努力をしてしまうことがある。それはマー君の入団二年目のキャンプでのことだった。

プロ野球選手にとって、春季キャンプほど大切なものはない。毎年キャンプインを迎える二月一日、それは「プロ野球の元旦」と言われる日だ。ここで一年の計を立て、自分はどういう一年間を送るかというのを決する時期である。

レギュラー選手であれば去年以上の成績を上げるためにはどうするかという挑戦のスタートであり、まだレギュラーではない選手であれば、自分を高めるだけでなくそれを猛烈にアピールしてポジションを獲得するための「本番」である。キャンプとは、ただの練習の場ではない。みなそれぞれに自分の課題に取り組み、自分を鍛え、チーム内で切磋琢磨《せっさたくま》し、個人としてもチームとしても大いなる成果を上げるための場がキャンプなのだ。

その春季キャンプで、私はマー君に尋ねた。

「今年のテーマは何だ?」

「ストレートで空振り三振が取れるボールを投げることです」

「なるほどそうか。いいじゃないか、やってみろ」

これが、まちがった努力の始まりだった。私自身、常日ごろから言い続けているように、ストレートの速さというのは努力でどうにかなるものではない。それは速く走ることと打球を遠くへ飛ばすことと並ぶ、天性の才能である。そこに多くの時間と労力を割いてしまうことほど、まちがった努力はない。

ピッチャーはスピードよりもコントロールが大事だというのは私の経験上、自信を持って言える原理原則の一つだ。それを嫌というほど知っていながら「一九歳のマー君」というポテンシャルの高さと若さに思わず目がくらみ、「なるほどそうか」などと言ってしまった。これは不覚だった。

そして、これも十分にわかっていたはずの原理原則であるが、スピードボールを求めすぎてしまうとフォームを壊したり、身体のあちこちに力みが生じてバランスを崩すことになったりする。結局、それで逆にボールの威力は失われてしまうのだ。

ピッチングの基本中の基本は理想的なフォーム作り。それができれば、コントロールがよくなるし、結果的にストレートの威力も増すものだ。

あのとき、私がマー君に言うべきは「まず理想のフォーム作りに専念しなさい。そうすれば自ずと空振り三振の取れるストレートの威力がついてくる」という言葉だった。ストレートを磨きたければこそ、まずフォーム。目的は同じ「ストレートの威力」でも、フォーム作りという手段を選ぶべきであって、いきなり「ストレートを追い求める」というのは手順が違う。それを指摘するのが私の務めだったはずだ。

マー君の努力の方向性のまちがいを瞬時に指摘して修正させることができれば、あのとき二年目の成績が一年目を下回ってしまうようなことはなかったはずである。私は後日、自身の不明をマー君に詫《わ》びた。

斎藤佑樹《さいとうゆうき》は正しい努力をしているか

かつて、マー君と甲子園で熱戦を繰り広げた投手が斎藤佑樹（北海道日本ハムファイターズ）だった。野球界に現れた久しぶりの大スターにファンは大きな期待を寄せたが、プロ入りしてからの斎藤は、かならずしもその期待にこたえられていないと言っていいだろう。私も斎藤にはピッチャーとしての類いまれなるセンスを感じたし、あのクレバーなピッチングは十分にプロでも通用する素材だと思っていた。もちろん今でもそう期待している。

斎藤ほどの素材が思ったような結果を出していないというのは、やはり努力の方向性にどこか問題があったのではないか。そう考えて見直してみる必要があるのかもしれない。

果たして、斎藤佑樹は正しい努力をしているのか。

実は斎藤がやや遠回りしているように見える理由の一つは、奇しくもマー君が努力の方向性を誤ったときと、まったく共通しているのではないかと私は見ている。

斎藤が日本ハムに入団して最初のキャンプのとき、私は斎藤に会って話をする機会があった。

「君はどういうピッチャーを目指しているの?」

「本格派のピッチャーになりたいと思います。ストレートで勝負できるピッチャーになりたいので、自分としては、まずストレートを磨きたいと思っています」

私はその言葉を聞いて、マー君の二年目のキャンプのときの言葉と重なって聞こえた。

「ストレートを磨きたい」と言って、努力の方向性をまちがえてしまい、少し遠回りしてしまったときの話である。

「ちょっと生意気なことを言ってもいいか?」

私はそう前置きしてから斎藤に言った。

「マー君が一度それで失敗したことがあるんだよ」

そこで例の話を斎藤に紹介した。すると、斎藤はこう答えた。

「自分も大学三年生のとき、そういう経験をしたことがあります。スピードにこだわってフォームを崩して修正するのに苦労しました」

「ピッチャーはコントロールだよ。それがあればプロで飯を食っていけるよ」

しかし、斎藤には斎藤のストレートへのこだわりがあったのだろう。「あくまでもストレート」「まずはストレート」と事あるごとに言っているのをその後も見聞きした。

もちろん、どんな技巧派投手でもストレートは大切だし、鋭い変化球が生命線のピッチャーでもストレートは基本中の基本である。ただし、「ストレートの威力」や「ストレートのスピード」ということではなく、「ストレートを自在にコントロールすること」が大事であり、「ストレートを正確にコントロールするためのフォーム」が重要なのだ。

斎藤は故障との戦いを経て復帰という経験をした。おそらく以前のようなストレートに対するこだわりは変わったのではないか。復帰してからのピッチングを見ると、故障する前にはまったく投げていなかったシュートを会得して多投しているようだ。それが効果的なボールだというのは本人がいちばん実感しているに違いない。

こうしたシュートや他の変化球をさらに効果的に使うためには、当然、変化球自体の精度を上げることも必要だが、同時にストレートをどう使うか。つまり、ストレートを正確にコントロールして配球を整えていくことが大切だ。

斎藤佑樹というピッチャーは、もともとバッターとの駆け引きやバッターとの間合いについては非常に長《た》けている。シュートを巧みに使い、打者を翻弄《ほんろう》するためには、やはりコントロールが武器となる。斎藤ほど賢明な選手がそれを理解していないはずがない。

ピッチャーにとって肩や肘の故障ほど恐ろしくて苦しいものはない。しかし、故障を経験したおかげで、新たな球種や新しい投球スタイルを身に付けたピッチャーはたくさんいる。

人間の進歩とは、自ら変化することだ。自分が変わらなければ成長はない。しかし、自分で自分を変えるのは怖い。大なり小なり実績を上げた人であれば、なおさら変えるのには抵抗があるものだ。

しかし、ときとして人には、変わらざるを得ないときが訪れることがある。故障もその一つだ。故障したことで故障前の自分と同じことができなくなったときには、もはや変えるしかない。変わるしかない。つまり、故障というのは自分を変える大きなチャンスでもあるのだ。

斎藤佑樹という逸材が、故障を乗り越えて大きく成長した姿を私たちに見せてくれることは「野球の新たな希望」なのである。

変化する勇気が努力を実らせる

この人は、こんなにいいものを持っているのに、なぜ結果を出せないのだろう。そういう人はどの世界にもいる。

野球にも、なぜこのピッチャーは、こんなにいいボールを投げられるのに勝てないんだろうと思うような選手が少なくない。

たとえば、ヤクルトの川崎憲次郎《かわさきけんじろう》というピッチャーがそうだった。解説者をしていたとき、ネット裏で川崎のピッチングを何度か見たが、とてもいいボールを投げている。ところが、インコースにストレートを投げては簡単にホームランを打たれてしまうことの繰り返しだった。

これはどうも江川卓《えがわすぐる》の影響が当時のピッチャーたちにあったことが原因のようだった。

江川はストレートとカーブしか投げないピッチャーだったが、インコースにズバッと決まったストレートは威力もコントロールも抜群で、それだけで十分に抑えられた。

しかし、それは江川ほどの球威とコントロールがあって、初めてできる芸当なのだ。川崎が「江川さんのようにインコースのストレートを決め球にしたい」と思って一生懸命に投げても、バッターの餌食《えじき》になるばかりだった。

やがてヤクルトの監督として川崎と接することになった私は川崎に言った。

「ホームランを打てるような右バッターは追い込まれるまではインコースのストレートが甘く入るのを待ち構えているんだぞ。なぜわざわざそこに『どうぞ打ってください』と言わんばかりの球を投げるんだ?」

川崎が「インコースのストレートにもっと磨きをかけよう」と努力しているのはよくわかる。しかし、これもまた努力の方向性が正しくない。

「インコースのまっすぐを待っているバッターがいちばん嫌がるのは『よし来た』と思って打ちにいったボールがちょっとシュートして食い込んでくることなんだよ」

私はそう説いたが、当時は「シュートを投げると肘を壊す」という説が広く信じられていた。そこで、かつてシュートを武器に勝ち星を重ねた巨人軍の元エース西本聖《にしもとたかし》が球場にやってきたとき、「シュートを投げると肘を壊すのか？」と聞いてみた。

「いや、それはまちがった常識です。肘をひねって投げるとそういうこともあるかもしれませんが、私のシュートはボールの握り方を少し変えて少し肩を開き気味にして投げるだけで、ぜんぜん肘をひねらない。だから私のシュートは肘に負担はかかりませんよ」

「やっぱりそうか。その話、川崎にしてやってくれないか」

快諾してくれた西本のおかげで、川崎はシュートを会得する決心をした。努力の方向性を変えたのである。その後、川崎はシュートの精度を高め、それを有効に活用して勝ち星を重ねた。

シュートを覚えて活路を見出すというのは、今の斎藤佑樹と同じである。シュートを投げていなかったピッチャーがシュートを投げるようになるということは、自らのスタイルを変化させることである。変わるというのは勇気のいることだ。しかし、その変化を遂げたときには、これまでとは違う結果が得られる可能性が広がっているのだ。

二刀流・大谷の「常識外れ」に学ぶこと

大谷翔平《おおたにしょうへい》（北海道日本ハムファイターズ）がピッチャーとバッターの両方をやる、いわゆる二刀流に挑戦するという話を最初に聞いたとき、私は当初、非常に否定的だった。「プロ野球をなめるなと言いたい。二兎《にと》を追う者は一兎をも得ず。どちらかに絞るべきだ。そうでなければせっかくの素材なのにどっちもダメにしてしまう」

二刀流の是非について質問されるたびに、あちこちでそう答えていた。他の野球評論家たちも、ほとんど懐疑的で、ピッチャー出身者は「プロのピッチャーは、そんなに甘いものではない」と言うし、バッター出身者は「ピッチャーの練習もしながらプロのバッターとして試合に出ていって、そうそう打てるほどバッティングは簡単なもんじゃない」などと言った。

私が見るところ、高卒のルーキーピッチャーとしてはかなり素質がありそうだから、まずピッチャーでやらせて、ダメなら野手に転向するのが妥当だろうと考えていた。その逆で、野手をやってダメだからピッチャーにというのは現実的ではないからだ。

まあ、契約時の約束や本人の強い希望があるのだろうから、一年目は好きなように両方やらせてみて、それから適性を見ればいい。どのみちどちらか一方に収斂《しゅうれん》されていくだろうと思っていた。

ところが、一年目から両方とも新人としては十分な成績を上げ、二年目にはそれ以上の結果を出し、二刀流はさらに磨きがかかってきた。いったいこれはどういうことか。私はこの目で改めてじっくりと大谷二刀流を拝見させてもらうことにした。

するとどうだ。私の目の前で投げ、そして打っている大谷翔平という選手は、今まで私が見たことのない選手、規格外の選手だった。

打席に立てば変化球にもしっかり対応して広角に打ち、飛距離も出せる。マウンドに上がれば150キロは当たり前、160キロのスピードボールを投げる。こんなに天性の素質も高く、対応力もある選手がいるものかと舌を巻いた。これならば栗山英樹《くりやまひでき》監督でなくても「両方やらせたい」と思うだろう。もちろん私も前言撤回。私が監督でも二刀流をやらせたくなっただろう。

これまで私が知る限り二刀流に挑戦したのは関根潤三《せきねじゅんぞう》さんをはじめ、過去にまったくいなかったわけではない。ただし、成功した例は七五年前、セネタースの野口二郎《のぐちじろう》やタイガースの景浦将《かげうらまさる》という選手がいた程度で、いずれどちらか一本に専念している。そういう過去の例や常識から判断して、よくよく観察してみる前に「常識ではあり得ない」という理由で二刀流反対論を述べてしまった。これは日ごろから「先入観は罪、固定観念は悪」「常識にはウソの常識がある」と言ってきた私としては「大変失礼いたしました」と言うしかない。

野球の世界では「一〇年に一人の逸材」とか「二〇年に一人のピッチャー」などと言われる選手が現れることはあるが、大谷の場合は「七〇年に一人の逸材」である。メジャーリーグに目を向けても、二刀流で同じ年に10勝以上を上げて10本塁打以上打った選手は、あのベーブ・ルースが一九一八年に記録して以来だという。日米併せても一〇〇年に一人の選手だと言っていいだろう。

とはいえ、プロ野球の世界は、選手個々がどこかに一匹狼のようなメンタリティを備え、自分の腕一本で稼いで生きていこうとしている場所でもある。何とかして自分のポジションを獲得し、一つでも多く試合に出て、一本でも多くヒットを打ち、一つでも多く打者を打ち取り、少しでも多く稼いでやろうとひしめき合っている。

そういう世界の中で監督が「大谷、大谷」と特権的に扱うようなことがあれば、「何であいつだけ二つもポジションをもらえるんだ」と嫉妬《しっと》する選手が出ないとも限らない。そうなるとチーム内にはよからぬ空気が流れ出してくる。そんなことにならないためには、栗山監督がチーム全体に目配り気配りをしておかなければいけない。

そして、何よりも大谷本人があくまでも投攻守、すべてにおいて努力を怠らず、そして結果を出し続けていかなければいけない。チーム内のだれもが「大谷だけは特別だ」と思うような努力と結果を示さなければ、二刀流という特別な存在ではいられない。

もっとも、大谷がチーム内で浮いてしまうような選手だとは思えない。まだ高卒二年目、二十歳《はたち》そこそこの若さなのに、しっかりしている。非常に謙虚でうぬぼれたようなところは見えない。野球に取り組む姿勢もいいし、性格も良さそうだ。だから、みんなが応援したくなる。

最多勝とホームラン王を両方とも同時に獲れるチャンスを持っているのは、少なくとも現代の野球選手の中では大谷翔平しかいない。もしかしたら私の目が黒いうちに本当にそういうシーンを見せてくれるかもしれない。そう期待できる選手が日本のプロ野球にいるというだけでもすごいことである。

「宇宙人」新庄の指導法――「ブタをおだてて木に登らせよ」

大谷翔平がプロ野球界に登場する十数年前、二刀流に挑戦しようとした選手が私の目の前にいた。阪神タイガース時代の新庄剛志《しんじょうつよし》である。

私がヤクルトの監督だったとき、阪神との対戦で新庄を見ていて感じたのは「飛び抜けた身体能力を持った選手」というものだった。抜群に肩が強く、足も速い。バッティングも天性の才能があり、遠くへ飛ばす力も持っている。ただ「強打者」にはまだなれていなかった。

私が阪神の監督に就任することになって同じユニフォームを着て新庄を見てみると、相変わらず運動神経は一級品である。スター性もあって華もあり、本人も目立つことが大好きだ。ただし、努力する才能は十分ではない。

性格的には明るくていいのだが、きわめて変わり者。変人を超えた「宇宙人」である。この選手のやる気を促すことができれば、一気に才能が開花し、阪神も強くなるはずなのだが、そこは地球人の言葉だけではなかなか通用しない。

人を指導するときの法則の一つには「人を見て法を説け」というものがあるが、こういう相手であればこそ、それを忘れてはいけない。強制したり頭ごなしに叱《しか》ったりすると、反発こそすれ素直に耳を傾けたり従ったりするようなタイプではない。

こういう選手は管理しようとしてもはみ出ようとするだけだし、論理で説き伏せようとしても「はあ？」と返されるのが落ちだ。そういう指導が功を奏する相手ならそうすればいいが、そんなことをしたらせっかくの才能も発揮できないまま潰《つぶ》してしまうことになりかねない。それは選手のためにもチームのためにも何もならない。

それならば、新庄には気持ち良くプレーさせてやろう。言葉は悪いが「ブタもおだてりゃ木に登る作戦」である。そうやって自分が思ったようにやらせることによって自覚が生まれるタイプの選手もプロ野球には多いのだ。

まずは自分の好きなようにやらせてみて、もし「さすがにそれはマズい」ということがあれば注意してやればいい。新庄には、それぐらいの気持ちで接してみることにした。

最初のキャンプで私は新庄に質問した。

「おまえはどこを守りたいんだ？」

それまで、サードをやったり外野をやったり、どこを守っても得意の身体能力とセンスでこなしてきているように見えたので、まずは本人の好きなところを守らせようと考えたのだ。

ところが、さすが宇宙人である。彼の答えは私の予想を超えていた。

「そりゃあ、ピッチャーですよ。だってピッチャーがいちばんカッコいいじゃないですか」

「おう、そうか。じゃあ、今日からピッチャーをやれ」

まるで少年野球である。「監督、ぼく、ピッチャーやりたい」「よし、やってみろ」という会話がプロ野球の世界で成立するのは、大谷翔平以外では、宇宙人とヘンな地球人との間だけである。

新庄の強肩と身体能力をもってすれば、少し練習すれば本当に150キロの速球を投げられるようになるかもしれない。いずれにしても、言って聞かせてわかるタイプではないのだから、やらせてみるのがいちばんいい。やりたいと言うなら実際に好きなようにやらせてみれば、そこで初めてわかることもあるだろう。新庄は、その日から意気揚々とブルペンに向かった。

これはキャンプの話題としては、かなり好奇の対象となり大きな話題となった。目立つことが好きな新庄はピッチャーの練習に励んだ。同時に野球選手としてのテンションが上がったのだろう。野手としての練習にも弾みがついているように見えた。

そして、オープン戦が始まるころには、どうやら悟ったようである。

「監督、やっぱりピッチャーは無理です。外野に専念します」

「そうか。わかった」

そこで二刀流の挑戦は終わった。

しかし、目立つ場所、カッコいい場所におけば新庄が張り切って努力もするということはよくわかった。翌年、四番打者に据えた新庄は打率も打点もホームランもキャリアハイの成績を収めた。

そのまた翌年、新庄という宇宙人は宇宙には旅立たなかったが、ニューヨークへ飛び立ち、メジャーリーグという新たなステージに上がったのだった。

第二章　努力は天才を上回るのか？

「才能があって努力しない人」と「才能はないが努力する人」はどちらが勝つか？

才能と努力。人間が成功するためには、どちらが必要か。「どちらもあったほうがいい」というのは当たり前のことだ。「才能があって、努力した人」が成功しているのを見れば、「そりゃそうだろう」とみんな思う。

では、「才能があって、努力しない人」と「才能は劣るけれど、すごく努力する人」は、どちらが勝つか。

才能が勝つか、努力が勝つか——。あえて「ウサギとカメ」のような二極論にするとすれば、まじめな日本人はカメのほうにシンパシーを持っている人が多いかもしれない。私自身、田舎のドン臭い高校生がテスト生から出発して何とかここまで生き残ってきたという生い立ちがあるから、カメががんばってウサギを逆転するドラマに共感を覚えるところはある。では、実際の野球の現場は、どうなっているか。

長い間、野球に携わってきた中で、「才能があって、努力する人」「才能があって、努力しない人」「才能は劣るけれど、すごく努力する人」の三パターンをたくさん見てきた。そして、その三種類の人たちが、それぞれどういう成績を上げたのかをこの目でよく見てきた。

まずそれを分類し、検証してみることによって、そこから「努力とは何か」ということを考えてみよう。

プロ野球という実力の世界は、年俸の面から見れば、トップクラスは数億円、最下層は数百万円という格差があるが、才能の面でもピンからキリまでいる。同じプロ野球選手の目から見ても、わが身が情けなくなるような天才も存在するし、「この選手がよくぞプロの世界に入ってきたものだ」と思うような人もいる。

では、その才能がそのまま成績に直結しているかというと、そうではない。だからこそ、「才能」と「努力」と「結果」の因果関係を検証してみる価値があるのだ。

二人の天才、長嶋とイチローの努力の先

「才能があって、努力する人」「才能があって、努力しない人」「才能は劣るけれど、すごく努力する人」の三パターンについて具体例を挙げていこう。

まず、「才能があって、努力をする人」。私が知る限り、その頂点にいるのが、長嶋茂雄とイチローである。だれが見ても飛びきりの天才的な能力を持っていて、そのうえ人の何倍もの努力をする。

こうなると、もうだれも手の届かないところまで行ってしまう。同じプロ野球選手の目から見ても「なぜ、あの人はあんなプレーができるのだろう」と溜《た》め息をつきたくなるような神業を連発して、飛び抜けた結果を出してしまう。

長嶋が世間からは「天才」と呼ばれながらも、猛練習をしていたということは球界では有名な話だ。イチローが連日連夜の打ち込みを続ける姿は、「努力家」と呼ばれる他の選手の目から見ても驚くほど桁外《けたはず》れだ。日中や夜の練習で人一倍の振り込みをするだけでな

く、真夜中に至るまで一人黙々と打ち込む。オリックス時代、最後まで寮を出ようとしなかったのは、夜中でもピッチングマシンを相手にバッティング練習ができる環境を手放したくなかったからだという。

長嶋もイチローも、だれかに言われてやっているのではなく、どんなに努力しても、どんなにいい結果を出しても、自らは飽き足らず、さらなる努力をして、またさらなる結果を出していく。このタイプは「頂点の中の頂点」であるから、古今東西、そうたくさんはいない。

長嶋やイチローのように、「だれの目から見ても天才」というほどではないにせよ、十分に才能があって、なおかつ努力した選手。これについて言えば、プロ野球選手として成功した人たちの多くが当てはまるだろう。

あれだけの努力があったから、これほど偉大な記録を残すことができた――。その最たる例が王貞治であろう。868本のホームランは、だれもが認める努力の結晶。若き日、毎日毎晩、荒川博《あらかわひろし》コーチの自宅に通い、畳が擦り切れて何枚も取り替えるほど素振りを重ねて一本足打法を磨き上げたというエピソードは、全国の少年野球選手ばかりかプロ野球選手にとっても最高の教訓であった。

その特訓はホームラン王を獲るようになってからもずっと続き、「努力の王」は努力の階段を上り続けた。ある晩、偶然、銀座の酒場で王と出くわしたときのことだ。たまにはゆっくりバッティングの話でもしようと思っていたら、彼は早々に席を立とうとしている。

「ノムさん。お先に失礼します。今から荒川さんのお宅へ行かなければいけないんですよ」

「いいじゃないか。せっかく会ったんだから。荒川さんには、今、俺が電話を入れてお許しをもらうよ」

「いや、申し訳ありませんが、帰ります」

それは荒川さんに強制されてやっていることではなく、王自身がやりたいからやっているという表れだった。どんなに飲んで帰ってきても、疲れて帰ってきても、素振りをしないと落ち着いて眠れない。王にとって、素振りとは、やらなければいけないノルマというよりも、いくらやってもやり足りない飢えのようなものがあったのだろう。

巨人のＶ９という偉業は、川上哲治《かわかみてつはる》さんの哲学と指導による金字塔であり、私たちに大いなる指針を示してくれたが、そこにONという支柱があったことがどれほど大きかったであろう。

それはONの打力が巨人の優勝に貢献したという次元の話ではなく、それよりはるかに高次元の「存在としての王、長嶋」ということである。

「君たちも王と長嶋を見習いなさい」

監督やコーチがそう言える選手が中心にいるチームは組織として強くなる。努力も取り組む姿勢も模範的なONという存在があったからこそ、V9巨人は強かったのだ。

当時、巨人から南海に移籍してきた相羽欣厚《あいばよしひろ》という選手がよくこう言っていた。

「ONが率先して猛練習をするから、俺たちぺーぺーの選手は手を抜いたりするなんてできるわけがなかった。あれだけの選手があんなにやっているんだから俺も必死にやらなきゃとみんな思うんだよ」

それが川上巨人の最高の戦力だったというわけだ。

「才能」×「努力」＝「結果」の数式が当てはまらない人

では、次に「才能があって、努力しない人」を見てみよう。このタイプは、きっとどの世界にもたくさんいることだろう。昔から学校でも「この子は頭はいいのに勉強しない」と言われた生徒はたくさんいただろうし、実社会でも同じだけいるのではないか。

プロ野球にも、そういう選手は少なくない。恵まれた才能があるのに、宝の持ち腐れ。素質はあるが「努力する才能」が足りない。それで残念な結果に終わってしまう選手もたくさんいる。

どういう世界でも同じだろうが、とくにプロ野球選手の場合、「才能がある」とひと口に言っても「どういう才能がどの程度あるか」によって「才能」×「努力」＝「結果」の数値が変わってくる。

ここで、あえて単純な数値化をしてみると、Aという選手の「才能」が「一〇」で「努力」が「二」ならば「一〇×二＝二〇」になる。一方、Bという選手は「才能」が「五」

でもAの倍の「四」努力をすれば「五×四＝二〇」になり、さらに「努力」が「一〇」ならば「五×一〇＝五〇」の結果を得る。つまり、カメがウサギを追い越せるということになる。

才能が旺盛《おうせい》な人は「そんなに必死にならなくても、まずまずの結果を出せるから」と思って、あまり努力をしない人が少なくない。とくに天才的な能力を持った選手には努力型がほとんどいない。だからこそ「天才×努力＝長嶋・イチロー」というのは希少なケースなのだ。それ以外の天才と呼ばれる選手は、そこまでの努力をしない。

では、「そこまでの努力をしない」どころか「努力ゼロ」だったらどうなるか。たとえ才能が一〇だろうが二〇だろうが、算数の掛け算の答えだと「二〇×〇＝〇」になる。ところが、実際の野球では「結果ゼロ」とも限らない。

私が知る限り、長嶋、イチローと並ぶ天才は他にだれかいるかと言えば、たった一人しかいない。南海ホークスの広瀬叔功《ひろせよしのり》である。

そして、この人は一切の努力をしない選手だった。私は長年、広瀬と一緒にプレーし、寝食をともにしたが、彼が努力をしている姿を一度も目にしたことがない。グラウンドで選手全員が練習しなければいけないときに、最低限のメニューを最小限に消化するだけで、自主的な練習など、まさにゼロ。素振り一つしているのを見たことがない。

プロ野球選手の中には「血みどろになって練習している姿を人に見せるのはカッコ悪いから、人前では努力している姿を見せない」という人もいるが、広瀬に限ってそれはない。裏も表もない、掛け値なしで「才能×努力ゼロ」だった。

それでどんな結果を出したのか。首位打者や盗塁王、ベストナイン、ダイヤモンドグラブ賞など数々のタイトルを獲り、通算2157安打で名球会にも野球殿堂にも立派に入っているのだから、本物の天才である。

ズバ抜けて足が速く、めっぽう肩が強く、全身バネの塊。私が見てきた身体能力の高い選手と言えば、今の野球ファンの記憶に新しい範囲では、ヤクルト時代の飯田哲也《いいだてつや》や阪神時代の新庄剛志、現役ではオリックスの糸井嘉男《いといよしお》の名前が挙げられる。三人とも素晴らしく身体能力の高い選手だが、広瀬には遠く及ばないと言ってもいい。彼ほどの天性の武器を持っていた選手は、後にも先にも見たことがない。

「才能×努力ゼロ」＝「名球会」という広瀬が、もし二でも三でもいいから努力していたら、いったいどれだけの結果を出していたのだろう。あるいは、イチロー並みの努力をしたらどんなことになっていたのだろう。

いずれにせよ、「才能があって、努力しない」タイプの人は、いつ本人が気付いて努力をするかで結果は大きく変えられる。また、指導者の立場でいえば、どうやって本人にそれを気付かせるかによって、その本人の人生も変わるし、チームの成績も大きく変わるのだ。

努力で才能を超えてみせた人たち

続いて三つ目のパターン、「才能は劣るけれど、すごく努力する人」について見ていこう。

ヤクルトの監督を務めていたとき、「人間とは、ここまで努力できるものなのか」と思うほどに努力する選手が二人いた。稲葉《いなば》篤紀《あつのり》と宮本慎也《みやもとしんや》である。

この二人は同期入団であるが、ともに鳴り物入りのルーキーというわけではない。「どうやってプロの世界で生きていくか」を自分なりに見つけていかなければ、すぐに消えてしまいかねない位置からのスタートだった。

この二人は人間的にも非常にまじめで、取り組む姿勢や普段の行ないについては最初から最後まで文句のつけようのない模範生だった。そんな二人がお互いに切磋琢磨し、励まし合い、チームの中心選手に成長してくれたことが監督にとっては非常にありがたいことであり、誇らしくもあった。

二人は二〇一二（平成二四）年に揃《そろ》って2000本安打を達成した。入団当時、彼らがそこまでのバッターになるとは本人たちを含めてだれも予想できなかったはずだ。これこそが、才能を超えた「努力の天才」と言わずして何と言おうか。

稲葉はプロ入りする前、法政大学の四番打者として活躍してはいたが、プロのスカウトの目にかなうほどまでは至っていなかった。その当時、ちょうど克則《かつのり》が明治大学の選手だったので、たまには息子の試合を見に行こうと神宮球場を訪れたときのことだ。その明治対法政の試合で、稲葉がホームランを放った。そして翌日の試合にも足を運んでみると、再び稲葉がホームランを打った。この2本のホームランが、「ヤクルト稲葉」の誕生につながった。

その年、ヤクルトのドラフトの補強ポイントの一つは「即戦力の左打者」。スカウト陣の稲葉評は「一塁手としては長打力に欠ける」というものだった。他球団も似たような評価だったのだろう。ほとんどノーマークだった。たまたま私の目の前で2本のホームランを打っているぐらいだから、すでにもっと量産している選手なのかと思っていたら、3本しか打っていないという。そのうちの2本をこの目で見たのも何かの縁だという気がした。

一塁手に関しては、その年、阪神からトーマス・オマリーが移籍してくるのが決まっていたこともあり、私は稲葉を外野手として起用することを念頭にスカウト陣の反対を押し切って指名を申し入れた。

その後、打線の主軸になるまで成長し、2000本ものヒットを積み重ねていったのは、本人の膨大で偉大な努力の結果以外の何ものでもない。同じように努力の虫である宮本やヤクルトの監督に就任した真中満《まなかみつる》とともに、ナイターの日でも午前中から室内練習場での打ち込みを始め、試合の後も深夜まで打ち続けた努力が、こうして報われたのだ。

努力が実るという意味では、野球の場合、バッティング以上に守備に大きく表れるものだ。稲葉の場合、それはとくに目を見張るものがあった。ほとんど未経験だった外野のレギュラーポジションを獲得して、守備でも優勝に貢献するような外野手になったのは、これこそ才能というよりも努力あってのことである。

稲葉は肩が強くない。強肩の外野手と比べれば、明らかに才能では劣っている。その弱点を補って守備力を高めるために、稲葉は一歩でも早く打球に向かう努力をした。素早いフットワークで投げる距離を少しでも縮めようとしたのだ。捕球してから送球するまでの時間を素早くする練習も重ねた。それに加えて正確なコントロールを身に付けようと努力した。

内野手の場合、そうした一連の動作の精度は生命線になるが、外野手は比較的ルーズな選手も多い。その点、稲葉は内野手並みの捕球と送球の動作に磨きをかけることによって、強肩の外野手と同等以上の補殺や守備力で、何度もピッチャーを救った。

野球の守備練習と言えば、基本はノックだ。千本ノックという言葉があるように、稲葉も無数のノックを浴びた。しかし、そういう普通の努力で終わらないのが「努力の天才」稲葉の努力である。バッティング練習の時間も稲葉にかかれば大事な守備練習の時間に変わってしまう。

他の選手がフリーバッティングをしているとき、稲葉は外野を守ってその打球を一生懸命追いかける。他の選手もやることはやるのだが、ある程度の数をこなしたら終わらせてしまう。しかし稲葉は味方のフリーバッティングが終わるまで、打球を追い続けるのだ。

バッティング練習においてはプロのバッターの打球がどんどん外野に飛んでくるのだから、これほど外野手のいい練習場所はない。コーチがノックするボールに比べて圧倒的に「生きたボール」なのだ。それをただ転がしておく手はない。稲葉はそれを逃さなかった。

打球を追って捕球して素早く正確に送球する。その練習を繰り返すのは当然として、稲葉は観察眼を磨くための練習もそこで重ねた。バッターがどういうスイングをして、どの方向に打ってくるか、どういうふうにバットとボールが当たったら、どこにどういう打球が飛んでくるか。それを見極める練習をその中で続けたのだ。そうすれば、打球に対するスタートが早くできるし、守備範囲も格段に広くなる。稲葉はそうやってムダなく効果的な練習方法を見つけて、それを何度も反復し、日に日に守備力を高めていった。

ノックを数多く受けるのも立派な努力である。しかし、それだけでは身に付けられないこともある。他の選手のバッティング練習を絶好の守備練習の場にして、より実戦に役立つ努力をすること。これこそ、同じ努力でも「正しい努力」である。

野球の世界には「練習のための練習をしても上手くならない」という言葉がある。より実戦に近い練習とはどういうものか。より結果に直結する練習とはどういうものか。試合のための練習でなければ、どんなに練習時間を割いても上手くなれないという意味の言葉だ。それを考え、工夫し、見つけていく能力がある選手は、同じ努力でも、よりよい結果を得ることができる。

稲葉という選手の努力で特筆すべきは、ただ単に練習量が多いというだけでなく、正しい努力を重ねる回数が多いということだ。努力の数式で言えば「才能×努力＝結果」ということ以上に「正しい努力×回数＝結果」というのが成長の方程式になるのだ。

外野手の経験がなかった上に肩が強くないというハンデを乗り越えて、ゴールデングラブ賞を獲得するまでの外野手になったのは、数多くの努力を重ねる能力と同時に正しい努力の方向性を見つける能力が高いことの証明だ。

後年、日本ハムに移籍してからは、新庄、陽岱鋼《ようだいかん》、糸井、中田翔《なかたしょう》といった選手たちと鉄壁の外野陣を築いて広い札幌ドームの外野を守り固め、優勝に貢献している。この日本ハムの強力な外野手たちの顔ぶれを見ると、揃いも揃って身体能力の非常に高い選手たちだ。彼らに比べればそういう能力に劣るはずの稲葉が、こうして強力外野陣を率いてきたことを思えば、その努力が才能を補って余りある成果を出した証だと言っていいだろう。

二〇一四（平成二六）年のシーズンで、稲葉は現役選手の人生に自ら終止符を打った。「まだできる。もったいない」という周囲の声もあるし、私だって、ＤＨのあるパ・リーグなら稲葉はまだやれるのでは、とも思う。しかし、稲葉は自分自身、自分のプレーに納得できなかったのだろう。

それは個人成績などという表面的なことではなく、故障や体力の衰えのせいで、自分が納得いくまで努力をすることができなくなったからであろう。稲葉のプレースタイルは一〇〇パーセント全力を出し切ること。それが他の選手たちの最高の教科書となり、チームに指針を与え、戦う集団の精神とはどういうものかを身をもって示すことができる数少ない選手だった。

それが、私をはじめ、若松勉《わかまつつとむ》、梨田昌孝《なしだまさたか》、栗山英樹という四人の監督の胴上げの原動力となった。

「仕えた監督を全員胴上げすることができたのが自分の誇りです」

稲葉はそう言っていた。

稲葉の努力が「自分のため」を超えて、「周りの選手のため」「チームのため」「監督のため」に大きな力となった。だからこそ、多くの人たちが稲葉の引退を心から惜しんだのであろう。

専守防衛型選手のある革命

稲葉と同じ年に入団し、稲葉に負けないように努力を重ね、稲葉とともに中心選手に成長して、力を合わせてヤクルトの優勝に大きく貢献したのが宮本慎也だ。

二人は同じ年に2000本安打を達成したが、入団当時、まさかそこまでのバッターになるとは正直、思ってもみなかったという点においては、宮本に対する驚きのほうが数段、大きかった。

稲葉の場合は、バッティングを買って入団させた選手が努力の末に守備力を磨いてゴールデングラブ賞を獲るまでになったという驚きがあったが、宮本はその逆だ。ショートという重要なポジションを守れる守備力を期待して入団させた選手が、努力の末にバッティングでも好成績を上げ、ついに2000本を超えるヒットを積み重ねたという驚きである。

「おまえは専守防衛の自衛隊だ。バッティングはぜんぜん期待していないから、しっかりショートを守ってくれればそれで十分だ」

私ははっきりと宮本にそう言って、ショートを任せた。それだけ守備の能力は高いものがあった。グラブさばき、強い前進力のあるフットワークとボールに向かう積極性、正確なスローイング、そして判断力。「野球とは状況判断のスポーツ」という私の持論にはピッタリのインサイドワークを備えたショートストップになれる素質を持っていた。

バッティングについては、大学時代に首位打者になったことはあるというものの、プロでもそういう成績を上げられるような選手にはどう見ても思えなかった。それは本人がいちばん実感していたようだ。

「池山《いけやま》（隆寛《たかひろ》）さんのバッティングを見ていると自分が恥ずかしくなってきます。打つほうで食っていける選手になれるとは到底思えません」

入団当初から、そう言っていた。

そういう選手がプロで生き残っていくためには、まず己を知るということが大切だ。「自分はバッティングでは太刀打《たちう》ちできない」と気付いたら、「じゃあ何で勝負するか」ということを考え、努力の方向性を決めていかなければ勝ち目がない。

宮本の場合は守備力に磨きをかけてショートという難しいポジションをものにすること。そして、攻撃面では脇役《わきやく》に徹することだった。

「一流の脇役になれ」

自らの方向性を確立できない選手たちに向けた私の言葉を、宮本はしっかりと理解していたようだ。

池山のようなパワフルなバッティングや広澤克実《ひろさわかつみ》のような長打力で試合を決める力はなくても、チームの勝利に貢献する道はいろいろある。クリーンナップを打つ選手にはそういう主役なりのバッティングがあり、非力な選手にはそういう脇役なりの仕事がちゃんとある。

それは、打線のつなぎ役になることだ。ゴロを打って走者を進める、右方向に打って走者を進める、バントを正確に決めて走者を進める。そういう役目をする選手がいると打線が機能し、チームの得点力は上がる。

いくら長距離バッターや主役級のバッターが何人もいても、こういうつなぎ役がいない打線はたいして怖くない。一時の巨人はまさにそうだった。各球団の四番バッターをごっそり引っ張ってきて、一番から八番まで、みんな主役ばかりというラインナップを揃えていた。それでガンガン打って勝ちまくったかと言えば、むしろその反対だった。

V9時代の巨人にはONという大黒柱を中心に据えながら、土井正三《どいしようぞう》や高田繁《たかだしげる》という絶妙の脇役がいた。それがV9打線の最大の強みだった。川上監督のチーム作りは適材適所という点において最高のお手本だったのだ。

四番だらけの打線は、一度火が点けば手を付けられない破壊力を持ってはいるが、打撃は水もの。ホームランバッターほど穴が多いし、ブンブン振り回してくれるバッターほど配球さえまちがわなければ打ち取りやすいものもない。主役だらけの打線とは、見た目は派手でも、もろいものなのだ。

川上監督のお手本通り、昔も今も名脇役がいるチームほど強い。ヤクルトにとって、宮本という最高の脇役が育ってくれたことが優勝へとつながった。1シーズンの犠打67という日本記録は宮本の勲章である。

しかも、宮本がすごいのは通算犠打408という歴代三位の記録を持っていながら2000本安打を達成しているところだ。これは400打席以上も「あらかじめヒットを断念しなければいけない打席」があった中での偉業ということだ。彼の場合、バントだけでない。ランナーを進めることを最優先にして、自分がヒットを打つことを犠牲にして右方向にゴロを転がすことを心がけた選手だ。

つまり、宮本はバント以外でも自己犠牲のできる選手でありながら、それ以外の打席で2000本もヒットを打ったのだ。名球会に入った選手の中で、犠打が400を超えている選手は、もちろん宮本慎也たった一人である。

「感じる力」が正しい修正を導く

「自分のバッティングスタイルを徹底して貫いたことが2000本安打につながったと思います」

宮本はそう言っている。右方向にゴロを打つということをずっと心がけていると、ボールをよく見極める目が育つ。ヒットを打とう打とうとするよりも、ボールをしっかり見つめて反対方向に打ち返そうという意識が結局はヒットの量産にもつながったのだ。

我欲でバットを振り回すのではなく、いかにチームの勝利のためにボールに対峙《たいじ》するか。それが宮本慎也のプロフェッショナルの流儀である。

守備に関しては、もとより文句の付けようがない。一〇度に及ぶゴールデングラブ賞は名手の証だが、連続無失策記録は「偉大なる堅守」だ。それでいて、こう言っているところが憎い。

「ピッチャーが完全に打ち取った打球をアウトにするのは当然の仕事。ヒットになりそうな難しい打球でもファインプレーに見せずに簡単にアウトにできるのが理想。そうすれば、ピッチャーは自分のボールに自信を持って投げ続けられる。それが野手からピッチャーへの思いやりというものだと思います」

宮本慎也という選手がこれほど大きく成長したのは、やはり正しい努力の方法を自ら見つけて、それを積み重ねてきたからだ。

宮本に対して監督の私が「もっと努力しなさい」などと言う必要は微塵《みじん》もなかった。ただ、努力について、こういう話だけはした。

「果たしてこれが本当に正しい努力なのかということを常に自問自答しなさい」

ゴロをとる練習一つにせよ、素振り一つにせよ、この努力は正しいのかどうかを自ら見極められる選手の努力は実る。そのためには、ただ数をこなしているだけの練習を続けていてはいけない。「俺はこんなにたくさんバットを振った」「こんなにたくさん投げ込みをした」と自己満足していても、いい結果にはつながらない。

宮本の財産は、正しい努力をする能力が高いことである。それは「野球選手にとって正しい道とは何か」を常にさがす意識が高いということだ。それは野球だけではない。「人として正しい道とは何か」ということを絶えず考え、実践しようとしている。それがプレーや記録となってすべて表れたのだ。

一生懸命に努力をしているのに、なかなか結果が出ない人と、努力が報われている人の差は何か。それは、感じる力である。その人が何かができたりできなかったりということは、その人がまず何をどう感じるかということからしか始まらない。人は感じるから考える。そして、考えた通りに行なう。感じて、考えて、行なう。それが人間の行動の仕組みの原理原則だ。

感じる力、つまり、感性。その点において宮本は傑出している。人間の最大の武器は感性。そして、人間の最大の悪とは何か。それは鈍感である。

宮本は自分のことは当然として、常にチームの状況を感じ取り、相手のことを感じ取り、周りのことを感じ取ることができる。だからこそ、宮本慎也という選手はチームの内外から大きな信頼を得ている。五輪やWBCの主将を務めたり、プロ野球選手会の会長を務めたり、同世代の球界のリーダーとして尊敬されていたのだ。

2000本安打まで達成し、球界全体から大きな信頼を寄せられている人物に「専守防衛」は失礼である。「信は万物の基を成す」という。一日も早く監督として現場に戻ってほしい人材ナンバーワンだ。

近年、残念なことに「果たしてこの人がプロ野球の監督の器なのだろうか」と首をかしげたくなるような人が増えてしまった。そういう時代にあって、宮本慎也と稲葉篤紀は監督としての特等席を用意して待つべき存在である。

宮本や稲葉のような努力型の選手が監督になることの利点は、人の気持ちがよくわかるということだ。天才型の選手が名監督になった例も過去にはあるが、なかなか選手の気持ちを理解できない人もいる。自分が簡単にできたことがまったくできない選手を見て、「何でおまえはそんなこともできないんだ」と思ったり怒ったりするケースが少なくない。これでは選手はたまったものではない。

宮本と稲葉は人格の面でも指導者にふさわしいものを備えているし、キャリアの面でも申し分ない。自分自身が選手として努力して苦労して好成績を上げ、同時にチームが勝つためにはどうするかを常に考えてプレーしてきた選手である。選手たちにとってもいいお手本であり、身近な目標にもなれる。いつの日か宮本監督と稲葉監督が対戦する試合を観戦できる日が来ることだろう。

努力の方向性は「自分を知る」ことで決まる

宮本は池山のバッティングを目の当たりにして、「俺はバッティングで勝負してもかなわない」と自ら悟り、生きる道を見つけた。これは、自分を知ることで努力の方向性をしっかり定めることができた好例だ。

ところが、自分自身、なかなかそれに気付かず、努力の方向性をまちがえたり、努力の方向性を定められなかったりして、空回りを続けてしまう人がいる。

たとえば、ヤクルトの土橋勝征《どばしかつゆき》という選手は、当初、まさにそうだった。

土橋は高校時代、長打力のある内野手として活躍して、高卒ながらドラフト二位という上位指名で入団してきた。その後、二軍ではホームランを量産したが、一軍ではなかなか結果を出せないでいた。

どうやら本人は自分をホームランバッターだと思っているようだった。だが、私の目から見ると、とてもホームランバッターに見えない。高校や二軍ではホームランを連発することもあるかもしれないが、プロの一軍のピッチャーを相手にホームランを量産できるような選手だとは思えなかった。

土橋が一軍でも結果を出していくためには、アベレージヒッターになるしかない。私は彼にそうアドバイスをした。ここで意識改革ができるかどうか。それが土橋がプロで生きていくためには必要だった。

野球選手が取りつかれてしまう魅力が二つある。それはホームランとスピードボールである。バッターであれば一度ホームランの味を覚えると、またホームランを打ちたくなる。ピッチャーであれば、快心の速球で強打者を空振り三振に打ち取ると、その魅力が忘れられない。

とくに本来はそういうタイプではないはずの選手が、その魅力に取りつかれてしまうと厄介なことになる。短距離打者がたまたま劇的なサヨナラホームランでヒーローになり、その感触が忘れられずにホームランを追い求めてバッティングを崩してしまう。しかし、常々言ってきた通り、ホームラン打者の遠くへ飛ばす能力とは天性である。たまたまヒットの延長がホームランになる分にはよいが、本来的なホームラン打者ではない選手がホームランを狙《ねら》っても、ろくなことはない。

ピッチャーの場合、もともとコントロールと変化球を武器にしていたはずの人が、どういうわけかストレートがすごく走っている日に強力打線の四番バッターを二死満塁の場面でストレートで空振り三振に打ち取って、その快感に酔いしれる。「よし、俺はストレートで勝負していくぞ」と勘違いしてしまうと今度は餌食になってしまう。あるいは、スピードボールを追い求めてフォームを崩してしまうのだ。

土橋にもホームランへの断ち切りがたい思いはあったはずだ。しかし、現に一軍の打席では結果が出ない。しかも、内野陣には池山、広澤をはじめ長打力では一枚も二枚も上の選手たちがいた。土橋がレギュラーとして試合に出るためには、意識改革をするしか道はなかった。

ここに来て、ついに土橋は努力の方向性を見定めたのである。

土橋はホームランバッターからアベレージヒッターへのモデルチェンジをするだけでなく、宮本同様、名脇役を目指していった。「土橋グリップ」と呼ばれた独特の形をした短距離打者用のバットを短く握って単打を狙う。

守備面では、当時、レギュラーとして定着できる選手がまだいなかったセカンドを守り切れるように努力した。V9巨人の名脇役「二番　セカンド　土井」に負けないような「二番　セカンド　土橋」のスタイルを打ち出していくことが土橋自身の生きる道となり、それがヤクルト打線の重要なパーツとなっていった。

右方向にゴロを打って走者を進める技術を身に付け、一番の飯田がセカンドに盗塁を決めるまでは好球でも手を出さずに待つ。そういうことも自ら判断してできるようになった。自分のカウントが不利になっても走者の進塁を優先させる。つまり自己犠牲のできる立派な脇役としてチームに貢献する選手になった。

セカンドの守備は地味だが堅実にこなした。華麗なプレーは見られないが、身を挺《てい》してボールを止めピッチャーを助けた。個人タイトルには縁がなかったが、ヤクルトの優勝には欠かせない選手だった。私は彼を「陰のMVP」と評したこともあったほどだった。決して華やかさや派手さはないが、頼りになる選手だった。

真のプロフェッショナルが語るもの

土橋がセカンドのレギュラーに定着したことは、ヤクルトの日本シリーズ優勝に大きく貢献した。その「二番　セカンド　土橋」のお手本はV9巨人の土井の他にもう一人、西武ライオンズ黄金時代の「二番　セカンド　辻《つじ》」がいる。

その西武の黄金時代を築いた森祇晶《もりまさあき》監督はV9巨人の「八番　キャッチャー　森」である。森は川上監督の基本スタイルを継承して、主役のONに匹敵する清原和博《きよはらかずひろ》・秋山幸《あきやまこう》二《じ》・デストラーデというクリーンナップを形成し、土井正三・高田繁の名脇役に匹敵する辻発彦《はつひこ》を育てたのだ。

その辻が選手としてのピークを過ぎ、西武球団からコーチの打診を受ける年齢になったころの話である。

辻はコーチの要請を断って自由契約になっていた。つまり、まだ現役を続けたいという意欲と自信があるという意味だ。私の目から見ても「まだやれる」と判断して、ヤクルトに来てもらうことにした。

それは辻選手本人をヤクルトの戦力として必要だと考えたと同時に、土橋のよきお手本としてプレーし、さまざまなアドバイスを与えてほしいという狙いもあった。

土橋がそうであったように、辻もまたアマチュア時代は長距離バッターとして活躍していた選手である。社会人野球時代は「四番　サード　辻」だったのだ。

しかし、西武に入団してからの辻は、バットを短く持って右方向に進塁打を放つ技に秀でた、つなぎ役のバッターだった。きっと主役の清原や秋山の打球を見て、「あ、これは勝てん。俺は主役じゃない。四番サード辻はもうやめて、名脇役で生きていこう」と決意したからこそ、あのスタイルが完成したのだろう。

ただし、つなぎ役でありながら、実は辻はバントがそれほど得意ではない。むしろ苦手と言ってもいいくらいだ。そこで、辻の努力方法として特徴的なのは、バントをしなくても右方向にゴロを打ってランナーを進める技術を徹底的に磨いたことである。

その結果、バントをしなくてもつなぎ役としての仕事を果たせるまでになった。それだけでなく、ときにはその打球が野手の間を抜けてヒットになる。つまり、バントでアウトになる以上にチャンスを広げることもしばしばあった。

辻のプレーで野球ファンの記憶に強く残っているシーンの一つは、一九八七（昭和六二）年の日本シリーズ、西武対巨人の第6戦の走塁であろう。一塁ランナーだった辻がセンター前に転がったシングルヒットで一気にホームに帰り、優勝を大きく引き寄せた走塁だ。

あれは、巨人のセンターを守っていたクロマティの緩慢な守備を見て、三塁コーチャーの伊原春樹《いはらはるき》コーチが果敢に走らせたと伝えられている。伊原の名声を高めた伝説的な走塁と言われているが、辻は辻でコーチャーの指示以前に、事前にビデオを見て研究するなどして「最初から狙っていたプレー」だったようだ。だれの手柄であるかどうかはともかく、常に次の塁、さらに次の塁を積極的に狙っていく走塁が辻の真骨頂である。

野球はどんなに素晴らしいバッティングをしても、走者がホームに帰ってこなければ0点で終わる。目の覚めるような当たりの三塁打を放っても、その三塁走者がホームに帰ることなくチェンジになれば三者凡退と同じことである。

その反対にノーヒットで出塁したランナーを進塁打によって進め、積極果敢な隙《すき》のない走塁によってホームに帰ってくれば、ヒットは打てなくても足で点を稼ぎ出すことができる。そして、辻以上にそういう進塁打や走塁ができる選手は他にいない。

二塁手としてはゴールデングラブ賞に輝くこと八回。名手の中の名手である。その守備の基本編と応用編を土橋や宮本に惜し気もなく伝授してくれた。とくに内野手としてのものの考え方や状況判断のポイント、守るときのメンタル面やコンビネーションを示してくれたことは土橋や宮本だけでなく、ヤクルトの財産となった。守備といい打撃といい、名脇役の真髄を見せてくれたことは非常にありがたいことだった。

「フォア・ザ・チーム」という言葉を体現すると辻発彦になる。こういう選手がいたからこそ西武は黄金時代を築くことができたのだ。それを同じチームの選手として迎えてみて、改めて実感することができたのは幸運であった。

プロフェッショナルが自分の身一つで生きていくためには、何といっても己を知ることが必要だ。今の自分には何が足りないのか、どこが弱いのか。どこを磨けばいいのか。それを常に正しく認識できるかどうかが勝負だ。そのためには、自分の課題について感じたり、考えたりする習慣を身に付けて、感知するセンス、感性を磨いていくしかない。そうやって自分の課題がわかったら、それを補い、克服するための方法論を必死に考える。プロとは、その繰り返しなのである。

第三章　野村式〝結果を出す技術〟

努力する才能を身に付ける方法

素晴らしい素質を持っているのに、結果を出せないまま終わってしまった選手をこれまでに数多く目にしてきた。

その原因の中で、もっとも多いのは「努力が足りない」という非常にシンプルなことなのに、どうして努力しようとしないのだろう。

それは、野球に限らず、どの世界でも同じなのだろう。講演会などで出会った経営者や指導的な立場にある人たちから受ける質問の中で、もっとも多いことの一つは「能力はあるのに努力をしない人をどう指導したらいいでしょうか？」というものだ。

指導者や監督の務めというのは、手とり足とり教えるということよりも、どう気付かせるかということが重要だ。監督とは「気付かせ屋」でなければいけない。つまり、努力を促したいというときには「なぜ努力をしなければいけないのか」をまず本人に気付かせなければいけない。

「あの手この手で本人に努力の必要性を気付かせることができても、今度はその努力を持続させることがなかなか難しいですよね。努力を継続していくためには何が必要でしょうか?」

それに対する私の答えは、まず二つある。一つは「好きこそものの上手なれ」ということだ。人間、好きなことはだれに言われなくても一生懸命にやる。自分が好きなことならば、ずっと努力し続けるのは苦にならない。好きなことを見つける。好きなことをやらせる。それがいちばんいい。

もう一つは、強い動機を持つことだ。「こうなりたい」という夢や目的があれば、努力は苦ではなくなるはずだ。

自分が好きなことに打ち込むこと。私の場合、それが野球だった。野球が好きだから、いつまでも野球のことを考えているし、努力も継続できる。野球のことならだれに言われなくても努力する。それどころか、だれかに「もうそろそろやめたほうがいいんじゃない?」と言われてもやめない。

そして、「自分はこうなりたい」という強い動機。私の場合、それが「プロ野球選手になってお金を稼いで母親を楽にしてやりたい」というものだった。

「でも、好きなことを仕事にできる人はそんなにいませんよ。それはごく恵まれた人の話でしょう」

そう言う人もいるが、それは違う。現に、私は好きな野球を仕事にしたいと思っても、才能も実績もなかったから、だれもスカウトに来てくれなかった。自分から無理やり売り込んでテスト生として拾われたものの、早々にクビになりかけながら必死に生き残った。

それは「野球ならば、努力だけはだれにも負けない」という道にしがみついたからだ。「何としても野球で這い上がって貧乏から抜け出したい」というモチベーションを持ち続けたからだ。これは「恵まれた人の話」でも何でもない。

私は今でも素質が旺盛な新人選手を見ると「うらやましいなあ。俺もこれだけの才能を持っていたら、どんなに大成功できたことだろう」と心から思う。それほど私は素質というものが劣っていた。

だから、努力するしか道がなかったのだ。それでもやってこられたのは「努力に勝る天才なし」という言葉を愚直に信じて進むことだけはやめなかったからである。

たしかに、最近の経営者や多くの指導者たちが言うように、今の若い人たちは努力を嫌う傾向があるようだ。現在のプロ野球の現場を見ても、今の選手はあまり努力をしようとしない。彼らは憧《あこが》れのプロ野球選手になったことで満足してしまっている。

プロ野球への入団は本当はようやく出発点に立ったにすぎないのに、あたかもこれがゴールと勘違いしている選手が増えた。昔の私たちのように「よし、今からしっかり稼いでやるぞ」というハングリーな精神はあまりない。

だから、チームから与えられた練習メニューしかやらない。自ら努力するという姿勢が見られない。それでは一流の結果など出せるはずもないのだ。

「ハングリー精神を持てと言っても、今の人たちには難しいと思います。どうすればいいでしょう?」

そういう質問も多い。

「たしかに、私が若いころと違って、衣食住に恵まれている現代では、ハングリーになることは難しい。そのため、私の場合は、できるだけチーム内の選手同士を競い合わせるようにしました。ライバル心をかきたてる。負けたくないという気持ちに火を点けるような環境があったほうがいいと思います」

口でそういうのは簡単だが、今どきの選手たちは、なかなか火が点かない。だから、今は一流選手がなかなか出ないというのも事実である。

素質がないことは努力するチャンス

人間、才能がない人と才能がある人では、才能がある人のほうが成功者になれる。だれしもそう思っているかもしれない。実際、それはまちがいのないことだろう。

しかし、私の場合は才能がなかったからこそここまでやれたのではないか。素質も何もないからこそ、無名の新人が三冠王を獲れる選手にまでなれたのではないかという思いがある。

プロ野球の世界に入ってくる選手たちは、アマチュア時代、あり余る素質があるおかげで、たいして練習をしなくてもズバ抜けた活躍をしていた人たちがたくさんいる。しかし、プロの世界はそういう人たちの集合体である。

そこでは、どれだけ努力を重ねるかによって、結果が大きく変わってくる。それを思い知らなければ、なかなか活躍は望めない。それに気付かないまま、いい気になっていると、どこにも居場所がなくなってしまう世界なのだ。

プロ野球は若くして高額のお金を手にすることもできる世界だ。その年齢で夜遊びの味を覚え、華やかな世界の誘惑に負けてしまうようになると、そこで終わってしまいかねない。

南海に入ったばかりの新人のころ、私が夜、合宿所の庭で素振りをしていると、これから華やかな盛り場に繰り出そうとしている先輩たちが、こう言って冷やかしてきたものだった。

「おい、野村。この世界は才能だぞ。必死にバットを振って一流選手になれるぐらいなら、みんな一流になっとるよ」

しかし、私はそうは思わなかった。いや、そう思うわけにはいかないという事情があった。何としても、ここにしがみついて、野球で飯を食っていかなければならないのだ。この世界でお金を稼がなければならないのだ。

それには努力しかない。そもそも、才能がすべてなら、私はプロ野球の世界に入ることなどできなかっただろうし、とっくにお払い箱になっている。いつか努力は報われると信じてやるしかない。

「若いときに流さなかった汗は、歳をとった後で涙となって流すことになるんだよ。だから、若いときの苦労は買ってでもしなさい」

母にそう教わったことを守っていく以外、私にプロ野球選手として生きる道はなかったのだ。

もっとも、私だって年頃の男である。華やかな夜の街に行きたい気持ちがないわけはない。

「おい、野村。もう今日は素振りなんか切り上げて遊びに行こうや。きれいなお姉ちゃんが待っとるぞ」

先輩にそう誘われて、本当は心がグラグラと動いている。しかし、私はそういう場所に出かけるにふさわしい洋服を一枚も持っていなかった。合宿所の自室にあるのは学生服だけである。そんな恰好《かっこう》でネオンの街を歩けはしない。

「いや、僕はやめておきます」

そう言って先輩たちを送り出したが、もし着ていけるような服があったら、喜んでついていったことだろう。洋服を買うお金もなかったから、毎晩、素振りを続けることができたのだ。人間、何が幸いするかわからない。

努力の源になった、たった一つの褒め言葉

南海ホークスにテスト生として入団した私の目から見れば、一軍のレギュラー選手を見て実力の違いを感じてショックを受けるという以前に、同じ新人たちを見てさえ驚きがあった。

同じような年齢なのに、みな甲子園で活躍したり大学野球や社会人野球で実績を上げたりしてきた選手たちであるから、スタート時点で大きく引き離されている。しかも、この差は実績や経験の差というよりも明らかに素材としての差である。

「これは大変な世界だぞ。でも逃げ帰るわけにはいかない。こういう連中と競い合って生

きていくためには俺はどうすればいいんだろう」

それを自分で考え、実行していくしかない。そういうところが私の出発点だったことは、むしろ幸運だったと言えるだろう。「どうすればいいか」の答えは、たった一つ、みんなの何倍も努力をするしかないのだ。

プロというのは一日二四時間をどう使うかで勝負が決まる。人間、時間だけは二四時間、平等に与えられている。それを「いかに有効に使うか」ということを考えて行動しなければ勝ち残れない。

私の新人時代で言えば、大いに期待されて高い契約金をもらって入った選手も、私のようなテスト生も、グラウンドでやることは同じだ。それならば、グラウンド以外でやることが勝敗をわける。

つまり、全体練習が終わった後、次の日の練習が始まるまでの間をどう過ごすか。それが二四時間の使い方というわけだ。どれだけ個人的な練習で力をつけられるか。たとえば、素振りをどれだけ一生懸命にやるか。

とはいえ、素振り一つとっても、この努力を一人黙々と続けるのは、そう簡単なことではない。単純なことをひたすら反復するのは苦痛が伴う。しかも、今日、汗水たらして必死に素振りをしたからといって、いきなり明日、その成果が表れるものではない。努力には即効性がない。そこが努力を継続することを難しくしている最大の理由なのだ。昨日今日、一生懸命に素振りをしたら、その効果がてき面、明日の試合で、めでたくホームランということになるならだれでも努力を続けられる。

ところが、今、毎日ヘトヘトになりながら素振りをしても、その成果はジワジワとしか出てこない。一年で成果が見える人は早いほう。二年、三年とかかっていく。それが努力というものだ。

私が新人のころも、二月一日にキャンプインしたときは、夜、素振りの会場となっている庭は超満員だった。みんなキャンプ初日は、「今年はやるぞ」と思っているのだ。ところが、二月も終わるころになると、その半分も出てこない。その後も一人、また一人と来なくなって、シーズンが始まるころには、夜、庭で素振りをしているのは、ほんの二、三人だった。

せっかく毎晩、一生懸命にバットを振っても、そう簡単には打てるわけではない。みんなそれで痺《しび》れを切らしてしまい、やらなくなってしまうのだ。

不器用で愚直にやり続けるしか能がなく、ましてやそうしなければあっという間に弾き飛ばされてしまう位置にいる私でさえ、毎日毎晩やる気満々というわけではない。何しろ、その成果はなかなか出てこないのだ。

「こんなことを毎晩続けていて本当に芽が出る日は来るんだろうか。先輩が言うように野球は努力よりも才能なんじゃないか」

そんなふうに思うこともあった。ところが、ありがたいことに、そういう努力をちゃんと評価してくれる人というのがいるものだ。

二軍の松本監督がある日、野手を全員集合させて、こう言った。

「おまえら、ちょっと手を見せてみろ」

松本監督は一同の手を見回した。

「何だ、おまえらの手は。どいつもこいつも女みたいにきれいな手をしやがって」

だれも手に素振りのマメを作っている者などいなかったのだ。しかし私はというと、幸いなことにマメだけはたくさんこしらえていた。だから自信満々で手を見せることができた。そして、松本監督は私の手を見てからこう言った。

「おお、野村の手は、いいマメができている。みんな野村の手をよく見ろ。これがプロのバッターの手だ」

私はそう褒められたのがうれしくてしょうがなかった。

「ああ、監督に褒められた。毎晩素振りをしてきてよかったな。よし、今夜からもっとがんばろう」

その日から、素振りをした後にマメから血でも出ていようものなら、痛いのも忘れて、一人喜んではまた振り続けた。たった一言の褒め言葉が、これほど一人の若者のやる気を促してくれるものなのだ。

脳生理学が裏付ける努力のコツ

「プロの世界は結果がすべてだ」と言われる。

しかし、私は監督として、結果よりもプロセスを重視して選手を指導してきたつもりだ。

たしかにプロの世界は常に結果で評価される。ただ、その結果に至るまでのプロセスをどれだけ重視するかによって結果が大きく変わってくる。

人間だれでも、どこか目的地に辿り着くためには、かならずその途中の道を歩いていく。その行程で、どの道をどのように歩いて行くかが重要だ。

たとえば、プロ野球の監督や打撃コーチの中には「見逃し三振だけは許さない。同じ三振でもバットを振ってこい」という指導をする人たちが少なくない。

しかし、三振は見逃しであろうが空振りであろうが同じ1アウト。であれば、三振という目の前の結果だけにとらわれるよりも、そのプロセスをちゃんと見たほうが、次の打席につながるのだ。

「同じ見逃し三振でも、その根拠があれば決して結果だけで責めたりしない」

それが私の方針だった。もし「このピッチャーは3ボール2ストライクというカウントでは高い確率でスプリットを投げてくる、それに的を絞って待つ」ということがデータとして正しくて、そういう割り切り方をして待っていたのなら、かりにストレートが来て手が出ずに見逃し三振でも責めない。根拠のある見逃し三振だからである。

こういうプロセスを経て、その検証と正しい反省をしていれば、かならずや次からの打席にそれがつながっていく。バッターは全打席ヒットが打てるわけではない。問題は同じ凡退でも次につながる凡退の仕方かどうかである。

見逃し三振を怖《おそ》れて、単に見逃し三振だけはしないような打ち方をして凡退を繰り返していても、トータルの打率は変わらない。しかし、根拠のある見逃し三振ができるようになったことで、2割7分で終わっていたものが、3割になるということが珍しくない。

たとえば、山﨑武司《やまさきたけし》がそうだった。彼が楽天で三九歳のホームラン王になったのは、それまで忌み嫌っていた見逃し三振を怖れることがなくなったからである。

プロ野球とは単純なことで成り立っている世界だと言える。野球に限らず、他のスポーツでもそうだが、単純なことというのは、面白くないから続かない。

しかし、努力している人間と、何もしないで遊んでいる人間とは、一年、二年先になったときに大きな差となって表れる。それを知ることが一流になるためには不可欠であり、一流と呼ばれる結果を残した人たちは、努力を続けていくための習慣を身に付けている。

たとえば、張本勲《はりもといさお》はこう言っていた。

「夜の素振りは俺の睡眠薬だ」

実にいい言葉だ。素振りをしないと一日が終わらないというのは、私も同じだった。長いシーズン、長い現役生活のうちには「疲れた」「面倒だ」と感じる日もある。しかし、そういう自分との戦いに負けてしまうか、それを克服するか。その一日一日の積み重ねが勝負を分ける。「小事が大事」なのだ。

「今日は素振りをやめておこう」と思って一度は床につくが、やはりスッキリと眠れない。それならば、「今日は少なめにしておこう」と思ってバットを持って庭に出る。そうなればこっちのものだ。一度、バットを手にして庭に出てしまえば、「少なめ」で終わることは絶対と言っていいほどない。納得いくまで十分な数だけ振ってしまうのがバットマンの習性というものなのだ。

もっと極端に言えば、気乗りのしない日は「今日は少なめに」どころか「今日は一回だけ素振りしよう」ということでもいい。とにかく素振りができる場所にバットを持っていく。そこまで行けば一回だけ振って戻ってくることはあり得ない。その場所にバットを持って出ていくまでのほんの数メートル。それも大事な「プロセス」なのだ。

脳生理学の先生にこんな話を聞いたことがある。

「人間の脳は一度、その作業を始めたらそれを続けてしまうようにできているのです。途中でやめるつもりで始めても、つい最後までやり遂げてしまうという経験があるでしょう。それはそういうプログラムが脳の中にあるからです」

それは、たとえば「今日は掃除するのが面倒くさいなあ」と思ったとき、えいやっと無理にでも掃除機を手にしてしまえば、ついつい最後まで掃除してしまう。そういうプログラムが人間の脳には組み込まれているというのだ。

その話を聞いて私はとても納得できた。一度始めてさえしまえば、ついつい続けてしまう。これは良いことも悪いことも両方あると言うが、素振りのような良い習慣ならば、その脳の働きを存分に活かさない手はない。

不器用を武器にできる人

素振りはつまらないし、回数を基準にすると続かない。「何スイングしなければいけない」などというノルマは自分をさらに苦痛にしてしまう。そんなふうに回数など決めるよりも、何でもいいから自分が興味を持てる方向に切り替えていったほうがいい。たとえば、「今日はこんなことを試してみよう」とか「今日はこういう課題にチャレンジしてみよう」というふうに興味関心の矛先を少し変えてみる。

私が素振りという単純作業を継続できたのは、振ったときの「ブッ」という振幅音に興味を持ったからだ。ミートポイントで力を爆発させるようなスイングができたときは、この音が短い。そして、この短い音を出すためには、力を抜いていないとダメだということにあるとき気が付いた。これが面白くて、一時間、二時間はすぐに過ぎていった。

能力には個人差があって、天才的な選手もいれば、私のような不器用な選手もいる。でも、「最後は不器用が勝つ」と私は自負している。不器用な人は、器用な人が経験していないことを経験する。だから、経験の幅は広いし、その分、知識も広がっていく。器用な人がやらないことを、不器用な人はやる。やらないと器用な人に勝てないから、やる必要がある。そこに勝機が生まれる。

たとえば、私はカーブがまったく打てなかった。相手ピッチャーもそれをよく知っていて「野村にはカーブを投げておけば大丈夫」と安心してカーブを投げてくる。観客までもがそれを知っているから、スタンドからはこんなヤジが飛んでくる。

「お～い、野村、次はカーブが来るぞ」

「またカーブのお化けが出るぞ～」

そして、本当にカーブが来ると、また私のバットは空を切った。

そこで私は悩み、考え、模索して一冊の本に出会った。メジャーの〝打撃の神様〟テッド・ウィリアムズの『打撃論』である。メジャーで最後の4割打者は、こう言っていた。

「ピッチャーはキャッチャーのサインを見終わって投球動作に入るときはスピードボールを投げるか変化球を投げるか一〇〇パーセント決めている。そこには小さな動作の変化が出てくる。それを見極めればピッチャーが何を投げてくるかわかる」

私はそこで「小さな動作の変化とはクセのことだな」とピンときた。今でこそピッチャーのクセを見つけたり、ピッチャーがクセを出さないようにフォームをチェックしたりするのは当たり前だが、当時はまだそういうことを言っている人はだれもいなかった。

そこで私はピッチャーのクセを見つけるための観察を始めた。そうやってクセを発見して、「あ、カーブが来る」「今度はまっすぐだ」ということがある程度わかるようになった。あらかじめどんなボールが来るかわかっていれば、変化球への対応は、かなり容易になる。

それに加えて配球を読むということを追求した。各球団の各ピッチャーとの対戦をインプットしておくだけでなく、データを集め、分析した。

その結果、「このピッチャーは、こういうケースでどういう球種を投げてくるか」ということが、さらにわかるようになった。事前に球種が予測できれば、対応はずいぶんできるようになる。

こうやって私は努力と工夫によって、自分のバッターとしての能力の低さを補うことができたのだ。

プロ野球の天才打者というのは、私などの目から見ると、信じられないくらいに本当に能力が高い。クセも配球もおかまいなしに、来たボールを何でも打ってしまうバッターがいる。そういう人には私のような努力や工夫は必要がない。

しかし、今度は自分が監督やコーチになったとき、同じように「来た球を打つ」だけで打てる天才バッターが集まったチームならばいいが、実際はそういう天才は少ししかいない。どうやって配球を読むか、どんな工夫をするか、どんな努力をするかによって、結果が大きく変わる選手のほうが多い。

そうなると、私のような努力型のタイプは、配球やデータや工夫や努力ということを選手たちに伝える術が一応はある。それが私の財産になっている。かつての愚直な努力や生き残るための努力や工夫が後々も役に立っているというわけだ。

スランプとは未熟を言い換えたもの

「スランプを乗り越えるためには何かいい方法はありますか?」

そう質問されることがある。私はまず、決まってこう答える。

「私は長い間野球をやっていて、自分がスランプだと思ったことは一度もないんですよ」

「え?　それは本当ですか?　すごいですね。ずっと絶好調でスランプ知らずだったというわけですね」

「いいえ、そういうことではありません。打てないときは『自分はまだまだ未熟だな』としか思いませんでした。二流にはスランプなんてないんです」

それは私の正直な思いだ。だから、「ああ、今、俺はスランプだ」などと言っている選手を見ると、よくこう言った。

「おまえは未熟なだけだ。何がスランプだ。二流選手にスランプなんてないよ」

まだまだ未熟で、たいしたことがない選手に限って「スランプ」を口にしたがる。まだ下手くそで、できなくて当然なのに、自分では上手くなったつもりになっている。それまで、まずまずの成績を出していたのは、たまたまいい結果が出ていただけなのに、そこを基準にしている。

「俺はあれだけの成績を出して当然の選手だ」と本人は勝手に思っている。そこを基準にして考えているから、できなくなった今の自分は「スランプだ」と思っているというわけだ。

そうではない。「できて当然」なのではなく、「できなくて当然」の選手だと自覚するべきなのだ。自分はまだまだ未熟なのだ。

「スランプ」と口にするのは実は逃げである。難しいことから逃げようとしているのだ。

私は現役時代、自分が打てなくなると「なぜ打てないのか」を考えることで精一杯だった。「なぜだ」を追求して、対策を考えて、また練習する。そうやっていると「俺はスランプだ」などと考えている暇もなかった。

打てるようになるための努力も満足にしないで「スランプだ」などと言っているのは卑《ひ》怯者《きようもの》のすることではないか。

同じような実力があっても、それ以上に伸びる選手と伸びない選手がいる。そういうとき、伸びない選手を見ていると、簡単に「もう限界だ」と言っている場合が多い。自分で自分の限界を決めてしまっている。

人間の限界などというものは、そうそう簡単に線を引けるものではないはずだ。限界なんていうのは逃げ道でしかない。それを言い訳にして逃げているのだ。「俺はこんなもんだろう」と決めてしまって、それ以上の努力を放棄してしまう。

私の口癖の一つは、「プロにとって、妥協・限界・満足は禁句である」というものだ。何をもって限界だなどと言うのか。プロ野球選手になれるぐらいなのだから、みんな人並み以上に健康に生まれ、屈強な体を持っているはずだ。ましてや、こうして好きな野球をやっているのだ。

そういう場所にいて、スランプだとか限界などと言う前に、いろんな方法を試してみたのか。いい素質がありながら伸び悩む選手を見ていると、いつもそれを強く感じる。

「おまえ、それはもったいないじゃないか」

そう言いたくなる。

伸びない選手は、変わることを怖がりがちだ。たとえば、バット一つとっても、さまざまな形状や機能がある。全体が太いバット、細い長いバット。グリップが太いバット、細いバット。重心が先のほうにあるバット、手元のほうにあるバット。さまざまなものがあるのに、それを全部試してみたのかというと、変える勇気がない。バットを変えたことによって、今よりももっと悪くなることを怖れている。変わると悪くなると考える選手のほうが多い。私にはそれが不思議でならない。

バッターであれば、3割打てば評価される。そこで、自分の能力はどれだけあるのか。親からもらった天性で2割8分打てるとしたら、後の2分はどうするか。そこが一流と二流を分ける。その差を分けるものの一つが頭、インサイドワークだ。何をどう考えるのか。

技術力には限界がある。その限界を知り、そこに足りないものを自分でどうやって補うか。その「限界から先」の部分がプロの世界なのだ。プロはそうやすやすと「限界」という言葉を口にしてはならない。本当に血のにじむような努力をしたのか。それでなお、どうしてもそれ以上成績が伸びないのか。そこから先が本当の勝負だ。

人間、楽をしたい本能があるから「どうせ俺はこんなもんだ」と思って、そこで成長を自ら止めてしまう。自分に妥協し、自分を限定して満足する。それでは進歩も成長もできないのだ。

「野村再生工場」の肝は短所の大改革にあり

人間だれしも長所と短所がある。

その長所と短所では、どちらが目立って見えるか。どちらが他人の目につきやすいかと言えば、短所のほうだ。人は、いいところよりも欠点のほうが目に付きやすい。

だから、野球に限らず、あらゆる組織の中で、「あの人は、こういうところが素晴らしい」という評価よりも、「あの人は、こういう欠点があるからダメなんだ」という批判の声のほうが耳に入りやすいし、みんなの目もそういうほうに向きやすい。

だれしも欠点や弱点があるのだから、そこをクローズアップして「あいつはダメだ」と烙印《らくいん》を押すのは簡単なことだ。

とはいえ、烙印を押された人を放り出してしまうだけでいいのか。欠点が目立つからといって、その人をまったく相手にしないままで組織が上手く機能するのか。

やはり、多くの場合、短所が目立つ人でも何とかして組織の役に立ってもらうように導いたり、上手く使ってあげたりして戦力にしていこうとしなければならない。そこで「そう欠点ばかり責めていないで、あの人のいいところを見てあげようじゃないか」という視点が出てくるわけだ。

私の場合も、監督を引き受けたのは戦力の乏しい球団ばかりだったので、「おまえはダメ」「おまえもクビ」と放り出してばかりいては、とても戦っていけない状況におかれていた。そこで、何とかして弱点や欠点を克服していったり、長所を見つけて働き場所を与えたりして戦力増強を図ることに腐心した。それが「野村再生工場」と呼ばれたのである。

野村再生工場は、他球団で「使いものにならない」と烙印を押されたり、芽が出ないままくすぶっていたりする選手を何とかして使いものになるように再生して、本人もチームも活性化できたことが周囲から評価された。

しかしである。だからといって、私が選手たちの短所に寛容で、長所だけを見て起用したり再生させたりしたのかと言えば決してそうではない。

世の中には「多くの時間をかけて短所を直すより、長所をどんどん伸ばすほうが効率的でよりよい結果につながる」とか「短所を無理に直そうとすると、かえって長所を殺《そ》ぐことになりかねない」といった指導法を信じている人たちがたくさんいる。だが私は、それはウソだと思っている。少なくとも、野村再生工場の信条は、その反対だ。「長所を伸ばすためには短所を鍛えろ」と私は考えている。

人間は、せっかく長所があっても、短所がその長所の邪魔をしてしまうものだ。人の性分でいえば、その人の中に、いい性格の部分と悪い性格の部分があると、せっかくいい性格を持っていても悪い性格が邪魔して、いい性格まで消えてしまうのだ。

野球や仕事においても、それは同じだ。私自身、選手としてそれを強く実感した経験がある。

一軍に上がって何とか試合に出続けられるようになったころ、それなりにプロのピッチャーのボールを打ち返せるようにはなってきたものの、カーブだけはまったく打てなかった。

来る日も来る日もカーブにやられて凡退する打席が続き、ついにこう思うほどだった。

「あかん。俺は、すっかりカーブノイローゼや」

すると、すっかりカーブにおびえてしまい、それまではカンカン打っていたはずのストレートまでさっぱり打てなくなってしまった。「カーブには、からっきし弱い」という短所が「ストレートにはめっぽう強い」という長所まで殺してしまったのだ。

やがて私が三冠王を獲るまでになったのは、カーブを打つためのあらゆる努力を重ねて弱点を克服することができたからに他ならない。

長所をもっと伸ばすには、まず短所を鍛えよ。それが基本なのである。

自分を活かせる場所を見つける

自分の進路は自分で決める。自分が活かせる場所を自分で見つける——。

田舎の無名高校の名もない選手だった私は、自分なりにプロ野球への道しるべを見つけるしかなかった。曲がりなりにもそれを見つけたからこそ、その後の野球人生があると言ってもいいだろう。

スカウトの目に留まるような才能も実績もなかった私がプロ野球選手になるには、入団テストを受ける以外にない。もし運よくどこかの球団に合格しても、テスト生は周回遅れ。アマチュア時代から名の知れた選手たちと最初から同じようにチャンスを与えられることはない。

それならば、最初からどの球団のテストを受けるかがポイントになる。少しでも自分にチャンスがありそうな球団はどこか。つまり、レギュラーへの近道、一軍への近道がありそうな球団を見つけて、そこに狙いを絞るべきだと一八歳の私は考えた。

それには、自分のポジションであるキャッチャーの分布図を見なければいけない。当時のキャッチャーの引退年齢は、だいたい三五〜三六歳。自分が入団して数年内の下積みを経てレギュラーを狙うためには二〇代のレギュラーキャッチャーがいる球団は厳しい。そういうところは除外して、三〇代のレギュラーキャッチャーがいる球団に的を絞った。それが南海ホークスと広島東洋カープの二つだった。

まず南海のテストを受けて、合格できなかったら広島、それでもダメなら社会人野球を経て、いずれまたチャンスを窺《うかが》おう。そういう方針を定めて南海のテストに挑んだ。

当日、テスト会場の大阪球場には三〇〇人もの応募者が押し寄せている。「こりゃあ無理だろう」と思ったが、運のいいことに合格した。七人の合格者のうちキャッチャーが四人。同じ京都から平安や立命館といった名門校からもキャッチャーが来ていたが、合格したのは私と同様、甲子園にも出ていない熊本や和歌山の高校など、田舎の学校のキャッチャーだけだった。

それには理由があるということがわかったのは、入団後、シーズンに入ってからだった。練習が始まっても、私たちは、ほとんどまともに扱ってもらえない。来る日も来る日もブルペンでピッチャーのボールを受けるだけで一日が終わってしまう。さすがに不安になって、ある日、二軍のキャプテンに相談に行った。

「われわれテスト生は試合どころか練習もまともにさせてもらえませんが、どうしてでしょう?」

「そうか。気が付いたか……」

どうやら、私たちテスト生に四人もキャッチャーがいたというのは、ブルペンキャッチャーが必要だったからであるらしい。田舎の高校からばかり採用になったというのも、都会の名門高の選手よりも純粋でまじめだからという理由のようだった。

「何てバカにした話だ。こっちはブルペンキャッチャーをやるためにテストを受けたわけじゃないぞ」

そう憤った。悔しくて、荷物をまとめて帰ろうかとも思ったが、そういうわけにもいかない。プロ入りに大反対した母を兄が一生懸命に説得してくれたことや、故郷の網野町《あみのちょう》の人たちが「わが町から初めてのプロ野球選手、野村克也君、万歳!」と大喜びして送り出してくれた日のことを思うと、このまま逃げ帰るわけにはいかなかった。

まさに精神野球一色の時代、満足な栄養も摂《と》れない中で「根性、根性」と尻を叩かれつつ、今では考えられないような非科学的な練習を繰り返しさせられながらも、一年目の六月から一軍に帯同することになった。とはいえ、これまた、ほとんどブルペンキャッチャーが日課だった。

ただ、大差が付いた試合や消化試合のようなときには、「おい、野村、打ってこい」と打席に送られることもあった。当時は今のように、一軍登録が厳密ではなかったからだ。ところが、ろくにバッティング練習もさせてもらっていないのだから打てるはずがない。結局一年目は9試合に出場して11打数ノーヒット。そのうち五つが三振だった。

「やっぱり大変な世界だ。来年はもっとがんばろう」

そう思っていたら、一年目の契約更改でクビを言い渡された。しかし、こっちだって、そう簡単に引き下がるわけにもいかない。

「ちょっと待ってください。私はまだ何もしていませんよ。私のプレーも見ないうちにクビだなんて、あんまりです」

「われわれの目はプロの目といってな。君が練習しているのを見れば素質があるかないかはすぐわかる。まだ一九歳なんだから十分にやり直しはきく。早いうちに決心したほうが将来のためだよ」

「そうおっしゃいますが、新卒なら就職口もあったでしょうけれど、今さらそれもありません。私の将来を心配してくださるというなら、球団でどこか就職を世話してくれるんですか」

「いや、それはない。自分でさがしなさい」

「そんなの殺生です。球団もクビ、職もない、収入もないとなったら、もう生きていく望みもありません。わかりました。このまま帰りの南海電車に飛び込ませていただきます」

「アホか。そんなこと言うヤツがおるか」

「だったら、せめて、あと一年だけやらせてください。それで本当にダメだと思ったら潔く身を引きます」

　しつこく食い下がる私を見て、担当課長は言った。

「君みたいなヤツは初めてだ。俺は毎年、こうやって若い選手に宣告を言い渡してきたけれど、みんな素直に『お世話になりました』と頭を下げて、おとなしく帰っていくぞ」

「申し訳ありません。でも私だって必死なんです。あと一年、死んだつもりでやりますから、何とかお願いします」

「しょうがないヤツだな。じゃあ、ちょっと待っとれ」

そう言って部屋を出た彼は、一〇分後に戻ってきて、こう言った。

「もう一年、うちで面倒を見てやる」

思えば、ここが人生の分岐点だったかもしれない。テスト生はクビを切りやすい。スカウトが見込んで連れてきた選手であればそうもいかず、最低でも三年くらいは待ってもらえる。テスト生は、あらかじめ、いつでもお払い箱にされる立場なのだ。

では、当時の野村克也を今の私の目から見たら、どう扱っていただろう。あれから六〇年ほどこの世界でいろいろな選手を見てきた目で、あの日の一九歳の野村選手の将来性をどう判断したであろうか。

「この世界では無理だ。早く別の道を見つけたほうがいい」

やはり、そう言っていたことだろう。この程度の選手が努力で大化けするなどと見抜ける人は、おそらくだれもいないだろう。

逆に言えば、それほど努力できるとはだれも考えないし、それほど努力が才能を超えるとはだれも思っていない。しかし、現実にその後、努力が才能を超えてしまったのだから、「努力に勝る天才なし」という言葉は正しいのだ。

不本意なポジションに就かされたときこそ成長のチャンス

入団二年目、「何とかクビにならずに助かったこの命、ムダにしてはなるまい」と強く思ったことも、私にとっては運の一つだ。これで努力をしなければ、クビを言い渡されたときに粘った意味がない。私は一年目にも増して個人練習に精を出した。

当時は科学トレーニングも筋力トレーニングも野球界では、ほとんど必要とされていなかった。しかし、私はそんな身分ではない。バットの素振りだけでは一年目と同じ結果に終わってしまう。そんなことにならないように、少しでも自分に力をつけてくれそうなものは何でもやってみるしかない。

といっても、筋トレをするための満足な器具もないし、買うお金もない。合宿所のおばちゃんに醤油《しょうゆ》の空き瓶をもらって砂を詰め込んでみたり、いろんな工夫をしたり自分なりにトレーニングを積んだ。

固定観念は悪。常識にはウソがある。当時の野球界では「水泳は肩に良くない」「筋トレは野球に不必要な筋肉が付いてプレーの妨げになる」などといった俗説が横行していた。それは後にことごとく覆っているが、私は初めから固定観念にとらわれている暇はない。

ただでさえ、肩が弱くて、私は二軍監督にこう言い渡されていた。

「おまえの肩ではプロのキャッチャーは無理や。バッティングはまあまあだから、それを活かすためにもファーストをやれ」

しぶしぶ従ったが、こちらはキャッチャーで一軍のレギュラーになるために南海を選んでいる。一軍の内野を見ると、ファーストの飯田徳治《いいだとくじ》さんはバリバリの四番バッター。ちょっとやそっとでは追い抜けそうもない。その点、キャッチャーは入団前の読み通り。レギュラーキャッチャーの松井淳《まついじゅん》さんは年齢的にもボチボチだし、バッティングを見せてもらうと、私も希望が湧いてくるほどだった。

それでもファーストをやるしかないなら、いつかキャッチャーに復帰するためにも、この機会に自分の肩を鍛える努力をしておこうと考えた。上腕や背筋を鍛えるトレーニングメニューを増やし、同時にスローイングの見直しも図った。

キャッチャーを続けたままで矯正に取り組んでいたのでは、今日明日のスローイングに影響が出る可能性もある。それでは一軍のキャッチャーの座がますます遠のいてしまう。

その点、ファーストならばスローイングの重要性はキャッチャーに比べればずっと低い。ファーストを守って打撃を強化しつつ、その間にスローイングを矯正することにした。何せ、正しいボールの握り方も知らなかったからだ。ボールの握り方から見直し、フォームやフットワークを徹底的に練習した。また、遠投をたくさんこなせば、肩がよくなるという話を聞いて、それも取り入れた。

そのかいあって、この年は二軍戦で打撃成績を伸ばし、肩の強化とスローイングも順調にいった。これなら「キャッチャーに復帰させてほしい」と願い出ても勝機はある。

「そこまで言うなら、やってみろ」

そう言ってくれた二軍監督の前で喜び勇んでセカンド送球をした私のボールを見て、監督は言った。

「ほう。いつのまにか、ええ球を放るようになっとるやないか」

何とか私にもキャッチャーへの道が開けてきたようだった。

チャンスは不意にやってくる

三年目のキャンプインがやってきた。ここが私のプロ野球人生の一つの大きな転機となった。

前年、南海ホークスはパ・リーグで優勝を飾っていた。そのご褒美として、キャンプはハワイで行なわれることになった。当時、ハワイ旅行などというのは夢のような話だった。そこにブルペン要員も兼ねて二軍からキャッチャーを一人連れていくという。てっきり先輩のキャッチャーが指名されるのかと思っていたら、私が抜擢《ばってき》された。二軍監督が推薦してくれたようだった。私の努力を近くで見ていた人が評価してくれたことは「努力は裏切らない」ということを私に再認識させてくれた。

このハワイキャンプのチーム状況と、私自身がおかれた状況が、結果的には私に大きなチャンスを与えてくれることになった。今も昔も優勝した翌年はチーム全体、どうしても緩みがち。ましてや、あの時代の選手たちが憧れの常夏の島に「ご褒美」で連れていってもらったのだ。大事なキャンプだということを頭ではわかっているものの、緩むなと言うほうが無理な話だろう。日中、一通り練習が終わると、みんな観光気分で遊びに行った。

しかし、キャンプメンバーの中で、もっとも安月給の私には、遊びに行く資金もろくにない。一日二ドルの日当が支給されていたが、それを使える身分でもない。三週間分ちゃんと貯めておいて、帰りには念願のアメリカ製のバットを買って、残りのお金で母にパイナップルのお土産を買っていこうと決めていた。

おまけに、遊びに行けない理由がもう一つあった。二軍から呼び出されて帯同させてもらった私にはブルペンキャッチャー以外にも仕事が多かった。当時は用具係などいなかったから、これも私の仕事だ。練習後、用具の後片付けが終わってホテルに帰ると、もうだれ一人残っていない。取り残された私は黙々と素振りでもしているぐらいしかなかった。

幸か不幸か、せっかくハワイにまで行きながら、ほとんどグラウンドとホテルの往復だけで過ごしていたことで、思わぬチャンスが巡ってきた。

ハワイのチームとのオープン戦を目前にして、レギュラーの松井さんが肩を痛めた。当然、二番手キャッチャーの先輩選手が出るものだと思っていたら、鶴岡一人《つるおかかずと》監督が私を指名した。どうやら先輩選手が毎晩のように門限を破って遊び回っているのが監督に見つかって大目玉をくらったらしい。そのおかげで私に出番が回ってきたのだ。

鶴岡監督が「野村、もうおまえでいいから、行って来い」と私を送り出したときの様子は、ほとんど投げやりのようにも見えたが、私にとっては千載一遇のチャンスに変わりない。

ありがたいことにハワイのチームはちょうど日本の二軍クラスのピッチャーが多く、私には、打ちごろだった。十数試合に出場して面白いようにヒットも出て、チームは全勝。ハワイの野球連盟が主催したお別れパーティーの席で「野手部門の新人賞」として表彰された。そのとき、人生で初めてのトロフィーを授与された。

「もしかしたら、このまま一軍に上がれるんじゃないか」

小さな小さなトロフィーを握りしめながら、そう思った。

日本に帰ると、鶴岡監督は記者たちに囲まれた席で、こうキャンプを総括した。

「このハワイキャンプは大失敗だった。その中でも、たった一つだけ収穫があったのは、野村に使えるメドがついたことだ」

翌日のスポーツ紙には、そのコメントが全紙に載っていた。この一言が、私にプロに入ってから初めて大きな自信を与えてくれた。

何も教えてくれない監督だから工夫ができた

プロ野球選手になった日から引退する日まで、私は常に一冊のノートを持ち歩いていた。毎日、何かしら気が付いたことや勉強したことを日記のように書き留めていた。

ただ、鶴岡一人監督の口から野球の専門的な話を聞かせてもらったことはまったくなかった。当時、「親分」が代名詞だった鶴岡監督の野球は、軍隊式の精神野球そのものだった。だから私のノートはいつまでも書くことがなかった。

一軍に上がりたてのころは、毎日、怒られてばかり。ピッチャーが打たれてベンチに帰ると、叱られるのはピッチャーではなく、もっぱらキャッチャーの私だった。

「おい、野村、今、何を投げさせた？」

「まっすぐです」

「バカたれ！」

それ以上の説明はなかったが、叱責《しっせき》されたのだから、自分なりに反省して次に活かさなければいけない。ああいう場面では、ストレートで勝負してはいけないのだと考え、次に似たような場面がきたら、まっすぐを見せ球にして、変化球で勝負しようと考えていた。

そしてやってきた似た場面。今度は追い込んでからカーブで勝負した。しかし敵もプロ。見事に痛打されてしまった。

「何を投げさせたんや？」

「カーブです」

今度は胸を張って答えた。しかし返ってきたのは、

「バカたれ！」

そこで、「じゃあ、どういう配球が正解だったのでしょうか」などと聞き返せるような相手ではない。しかし、ここで聞かなければ一生後悔すると思い、意を決して質問をした。

「さっきのような場面であのような強打者を迎えたときは、どういう配球をしたらよいのでしょうか？」

監督の答えは、たった一言だった。

「よう勉強せい」

何だこれは、と思った。結果論で怒られているだけだったのだ。しかし、私は目が覚めた。ここはプロの世界なのだ。生き残るためには自分で考えて、自分で実行するしかないのだ。

ここで、もし「いいか、野村、よく聞けよ。あのケースではなあ……」と懇切丁寧に教えてくれる監督に出会っていたら、私は後々、これほど自分で考える野球人にはなっていなかったであろう。

鶴岡さんは、めったに人を褒めない監督だった。とりわけ自軍の選手は、けなす一方だ。「いよいよ、おまえら、銭にならん選手やのう」と、何かにつけて「銭、銭」と言う。鶴岡語録でもっとも有名なのは「グラウンドには銭が落ちている」というものだ。それがプロだということを叩き込まれては、また叱られた。南海の選手で鶴岡監督に褒められていたのは、唯一、杉浦忠ぐらいだった。

自軍の選手をけなす一方、ライバルの西鉄の選手は、よく褒めていた。中西太《なかにしふとし》、豊田泰光《とよだやすみつ》、大下弘《おおしたひろし》といった選手たちのプレーを見ては、ベンチで私たちにこう言った。

「おまえら、よう見とけ。あれがプロじゃ。それに比べておまえらは何じゃ」

私は田舎者で劣等感が強かったから、頭ごなしにそう言われると自信をなくすことも多かった。その経験が「人を育てるということは、その人の自信を育てるということだ」という原理原則を知る勉強につながった。

賞讃されて二流、非難されて一流

鶴岡監督の下でプレーした経験のおかげで、選手に接するときには「この選手はどうしたら自信を持つか」「どうすれば自信を失うか」を常に考える必要性を学ぶことができた。同じ叱るにしても褒めるにしても、その内容、言葉、タイミング、選手の性格を考えれば、褒め方も叱り方も変わってくる。ただ褒めればいいというものではもちろんないし、ただ叱ればいいというものでもない。

褒めて叱る、褒めて育てるというときに大切なのは「褒める」と「叱る」の根底には、どちらも愛情がなければ相手に伝わらないということだ。「この監督は負けて悔しくて怒ってるのか」「ただ結果を見て怒鳴っているのか」「俺のことを思って叱ってくれているのか」というのを選手は敏感に感じ取るものだ。

「叱る」と「褒める」は同意語だ。人間だれしも感情の動物であるから、褒め言葉や叱っている言葉の内容よりも、「この人はどういう思いで自分にこう言っているのか」ということを感じ取って言葉の中身を聞き入れもするし、排除しようともする。

監督のような立場にある人が、選手のような立場にある人と接していく場合、「無視、賞讃、非難」という三段階があると私は考えている。

私自身、南海に入団して、その段階を経てきた。テスト生で入団し、最初はほとんど無視された。あいさつ程度は交わすが、何か言葉をかけられたり教わったりすることもないばかりか、こちらを見向きもしてもらえなかった。

一軍に上がってレギュラークラスとして試合に出してもらえるようになったころ、いつもはあいさつをしても無視していた鶴岡監督がすれ違いざまに突然、私にこう言ってくれた日のことは今でも忘れない。

「おまえ、ようなったな」

私が鶴岡監督に褒められたのは、このときが最初で最後である。しかし、このたった一言が、私に大きな自信を与えてくれた。日ごろ、あれほど口を開けば自軍の選手をけなすことしかしない監督が褒めてくれたのだ。

「この人が俺を褒めてくれるなんて、きっと俺はこの先、プロでやっていけるに違いない」

鶴岡監督と言えば、当代きっての大監督である。その人が「野村は良くなった」と認めてくれたということは自信を持っていいはずだ。よし、今日からもっとがんばって、いい選手になろう。その思いが、その後の成績につながったと言っても過言ではない。

人を叱るのは簡単だ。欠点はだれの目にもつきやすい。それを見て叱るのは容易にできる。その反面、人の長所を的確に見抜くのは難しい。プロ野球の世界は、「その程度のことはできて当然。抜きん出た長所とは言えないし、褒めるに値しない」というレベルである。

鶴岡監督ほどの指導者ともなれば、そういう基準点が高いから、なかなか選手を褒めることもなかったのだろう。しかし、若き日にそういう厳しい目を持った指導者のもとでプレーできたことは幸運だった。やすやすと褒めてくれるような監督の下でやっていたら、私などすぐにうぬぼれてしまったことだろう。きっと、その後の成績もまったく違っていたに違いない。

無視されて三流、賞讃されて二流、非難されて一流。「無視」は他人からのアドバイスだけではなく自分自身で考えられる力を持つための期間。「賞讃」とは、まだ一人前扱いしていないということでもある。「非難」とは一人前になった選手に、さらに上を目指すよう仕向けるために欠点を指摘することでもあるし、私が鶴岡監督から感じ取ったように「うぬぼれるなよ」という意味合いもある。

昨日無視されていた人が今日は賞讃され、明日は非難を浴びるようになる。それがプロの世界なのだ。

第四章　チャンスを逃さない人はここが違う

プレッシャーに強い選手、弱い選手

プレッシャーに強い人と弱い人がいる。

実力は同じぐらいなのに、一方の選手はチャンスに強く、大事な場面になればなるほど大きな力を発揮する。もう一方の選手はチャンスにも弱くてピンチにも弱い。プレッシャーがかかる場面になればなるほど普段の力がまったく出せずに終わってしまう。そういうどちらの例も、たくさん見てきた。

いったい、これはどうしてなのだろう。

どんなときでも平常心でプレーすればいい。そう言うのは簡単だ。チャンスであれピンチであれ、有事であれ平時であれ、いつでも同じ気持ちで臨めればそれがいちばんいい。そうできればプレッシャーに弱いも強いもなく、いつでもコンスタントにプレーできる。しかし、人間、なかなかそうはいかない。

今まで私が見てきた中で、プレッシャーに強い選手の最たる例は長嶋茂雄である。大舞台になればなるほど強い。大事な場面になればなるほど、打つ。チャンスには絶対的に強い男。「燃える男、長嶋」はファンが「頼む、ここで打ってくれ」と願う場面ほどよく打った。

ピッチャーでは金田正一《かねだまさいち》。この人も大舞台に強かった。相手が強いほど燃えるし、強打者を相手にしたときのほうが、明らかにいいピッチングをする。そして、長嶋も金田も、ついでに私も血液型はB型。科学的根拠はないが、チャンスに強い選手は私の知る限り圧倒的にB型が多い。ためしに名球会の集まりがあったときに調べてみたら、いるわ、いるわ。「あれもB、これもB、そしてまたB」。

「そんな、血液型なんて関係ないよ」という人も多いだろうし、私自身、科学的、論理的根拠に乏しいことを深く論じるつもりはない。ただ、「なぜこの人はチャンスに強いのか、ピンチに強いのか、そして、プレッシャーに強いのか」ということを考えたときに、長嶋や金田をはじめとする選手の性格や特徴の共通点を洗ってみると、いわゆるB型の性格と言われていることと符合する要素がいくつもある。

したがって、ここから先は「血液型の話」としてではなく、長嶋や金田をはじめとするプレッシャーに強い人たちで、たまたまB型の人たちの共通項から「どういう人がプレッシャーに強いか」について論じてみることにしよう。

長嶋も金田も私も、他の名球会の人たちも、ちなみに私の家内もB型でプレッシャーに異常に強い人間であるが、共通して大の負けず嫌いだ。絶対に弱音は吐かないし、弱みは見せない。自分を信じる気持ちが強く、さらに言えば、自己肯定感が強い。

努力も何もしないで自己肯定感が強いだけであれば、だれにも相手にしてもらえないだろうが、かりにもプロ野球選手として人一倍の努力をして、それなりの実績も上げてきた人が強く自分を信じて勝負に臨むというのは、あるべき姿である。

「俺は絶対できる」「俺はかならずここで打てる」「かならず勝つ」という自己肯定感は大きな武器になる。

それは当然のことである。同じぐらいの実力を持った者同士が勝負するとき、「負けたらどうしよう」「打てなかったらどうしよう」「何だか打たれそうな気がする」などと思っている人と「俺は絶対に勝てる」と信じている人ではどちらが強いだろう。

根拠のない自信や過信はその人の成長を妨げてしまう。単なる自信過剰はプレッシャーがどうのこうのという前に、いい結果は望めない。しかし、「俺はやるだけやった」という根拠があり、「だからこそ俺はかならず勝てる」という自信は自分を支えてくれる力となる。

現役時代から私は「ボヤキの野村」と呼ばれた。キャッチャーとして相手のバッターを迎えると「野村のつぶやき作戦」「ささやき作戦」などと言われたように、何かブツブツとバッターにしゃべって集中力を削《そ》ぐという典型的な弱者の戦法を採ることがあった。

よく銀座の酒場で出会うような選手には、こんなことを言った。

「このごろおまえ、あの子の店に毎晩通っているそうやな」

明らかに動揺しているのが手に取るようにわかることもあった。

しかし、そんなボヤキが通用しなかったのが長嶋である。何を言っても聞いていない。

「長さん、最近銀座に行ってるの?」

と聞いても、返ってくる答えは、

「ノムさん、このピッチャーどう?」

という具合。つまり会話にならないのだ。

もっと言えば、打席だけでなく普段から私の話などさっぱり聞いていないのではないかと思うほどだった。

つまり、それだけ自分のことに集中する能力が高く、人に惑わされることがない。それが燃える男の特徴の一つだった。われ関せず。そういう姿勢もプレッシャーに強い人の特徴なのだ。

王にもささやきは通用しなかった。長嶋と違い、王には一応、会話が成立する。しかしひとたび構えると、その集中力は鬼気迫るものがあった。とくに一本足で構えているときは、圧倒的だった。

長嶋は、結果を気にしすぎない。いい結果も、悪い結果も、引きずらない。たとえ失敗しても切り替えが早い。

もしチャンスで凡退しても、その場は大いに悔しがるけれど、しばらくすると、ケロッとしている。「あれはもう終わったことだ。さあ、次だ、次」と切り替えができている。

これは長嶋も私も同じだ。

終わったことをクヨクヨと後悔しても、それはもう取り戻せない。やり直しがきかない。

だったら、次のチャンスにがんばればいいじゃないか。それが切り替えということだ。

私が監督という立場になってからは、失敗をいつまでも悔やんでいるタイプの選手には、切り替えを促してやらなければいけない。そういう選手に私はよくこう言った。

「終わったことは取り戻せない。その反省は必要だが、引きずってもいいことは何もないぞ。おまえ自身は大事なところであんなミスして申し訳ないと思っているのだろうが、そんなこと周りの連中はもう気にしていないんだよ。みんなもう次の試合のことを考えているし、俺だってそうだ。おまえが一人でクヨクヨしているだけで周りは何も思っちゃいないんだから」

そんな話をしてやると、少しは楽になってくれたようだった。

いいキャッチャーは悲観的なタイプが多い

私自身も、切り替えは早い方だった。チャンスで打てなかったときなどは、そのときは悔しいし反省もするが、すぐに切り替えができた。

「さあ、今夜も素振りして、飯を食って寝たら、また明日、がんばろう」

打っても打てなくても、その繰り返しだった。

ただし、キャッチャーという仕事に関しては、なかなかそれができない。キャッチャーは楽天家では務まらない。いつも悲観的に考えて対策を練り、それで抑えられて当たり前。打たれたらずっと後悔しているのがキャッチャーという生きものだ。ときにそうではない田淵幸一《たぶちこういち》のような明るい楽天的なキャッチャーもいたが、昔から名の通ったキャッチャーの多くは森祇晶や私のように悲観人間が多い。

「どうしても、あの一球が悔やまれるなあ……」

大事な場面で打たれて負けた晩などは、いつまでもそう言ってクヨクヨと後悔していた。

「あの勝負どころで追い込んだ後にストレートで勝負したから打たれてしまったんだ。やっぱりあそこは変化球で行くべきだった。そうすれば、今日は勝てた。ああ、あの場面、もう一度やらせてもらえないかなあ」

そんなふうにボヤいていた。そんな私を慰めてくれたのが、当時の南海ホークスのエース、杉浦忠だった。遠征ではしょっちゅう、杉浦と私の二人は同室だった。

「あそこは変化球だったよなあ」

私がそう言うと、杉浦はいつもこう言った。

「いや、あれはストレートで正解だよ。野村はまちがっていない。あのバッターが上手く打ったよ」

私は杉浦の言葉に何度救われたことだろう。

「そうか。正解か」

「うん。おまえのミスじゃないよ」

本来なら打たれたピッチャーをキャッチャーの私が慰めなければいけないところだ。

しかし、いつも杉浦とはその反対だった。

「野村は悪くないよ。そんなに自分を責めるな。さあ、もう今日は寝ようぜ」

そう言われて私は安心して眠りについた。

杉浦も大舞台には強いピッチャーだった。彼が入団二年目の日本シリーズで巨人を相手に4連投4連勝で優勝したのは伝説となっている。

私がテスト生から這い上がり、レギュラーキャッチャーになってやっと三年目のオフに杉浦は立教大学から南海に入団してきた。年齢は同じであるが、杉浦は長嶋と並ぶ六大学の大スターである。私にとってはバッテリーを組んでいながら眩《まぶ》しい存在だった。

杉浦が入団して初めて彼のボールをこの手で受けたときの衝撃は今でも忘れない。サイドスローから繰り出されるストレートが私のミットの直前でビュッと伸びてくる。こんなボールはそれまで見たことがなかった。

華奢《きゃしゃ》な体で、手も小さく、握力も強くない。それなのに力まず軽く投げているように見えて素晴らしい切れ味のボールが来る。下半身の強さと上質な筋肉を持ち、類いまれなる運動能力を持った選手だった。

性格的にも温厚でだれにでも優しい。おごったところもなく、謙虚さを持った選手だった。鶴岡監督の「杉浦、また杉浦」という酷使にも嫌な顔一つせず連投に継ぐ連投でチームを勝利に導いた。本物のエースとは、ああいうピッチャーのことを言うのだ。

若い時分にこういう本物のエースと出会えたことは私の大きな財産となった。素質があるのに結果が出ないピッチャーを見たとき、一つの指針となるものは「杉浦にあって、このピッチャーにないものは何か」を考えることだった。そうすると、このピッチャーにアドバイスするべき要素が見つかることも多かった。

ピッチャーに必要な心技体を備えた、お手本となる真のエースだった。

チャンスに強い必殺仕事人

私が出会った選手の中で、チャンスに強いことにかけては屈指の選手の一人が楽天の内野手だった高須洋介《たかすようすけ》である。

この選手は本当に勝負強かった。規定打席に達して3割を打ったシーズンは一度しかないが、得点圏打率には目を見張るべきものがあった。二年連続で得点圏打率リーグ一位という記録を持っている。

一度しか3割を打ったことがないのだから、いわゆる3割バッターと呼ぶには至らないが、そのリーグトップの得点圏打率は3割7分8厘と3割8分6厘。いかにチャンスに強いかというのが数字を見れば一目瞭然《いちもくりょうぜん》のバッターである。

あるときなど、3試合立て続けにヒーローとなり、試合後のお立ち台に上がったことがある。私は高須のことを「必殺仕事人」と呼んだ。それほど、ここぞというときに一発で敵を仕留めてくれる選手だった。

高須は二塁手としてリーグトップの守備率を記録するほど堅実な守備力を誇っている選手である。そうそうムラッ気のあるタイプだとも思えないのだが、バッティングに関しては、ここぞというチャンスを迎えたときとそうでないときにはまったく別の顔をしていた。本人はそういうつもりはなかったのかもしれないが、少なくとも私の目には落差が見えた。

それは他の選手たちの目から見ても同じように映っていたようだ。チャンスのときは牙《きば》をむく肉食獣だが、そうではないときには草食動物そのものだったのだ。

「おお、また高須に美味《おい》しい場面が巡ってきたぞ！」

「高須、また必殺仕事人の見せ場が来たぞ！」

ベンチから選手たちが口々にそう叫ぶと、高須は不敵な笑いさえ浮かべて打席に向かっていった。

そして、実際に高須のバットは一振りで相手ピッチャーを仕留めてみせた。ところが、次の打席、点差もついてランナーもいない場面で打席が回ってくると「こんなところで打ってもしょうがないよなあ」というような顔をして、何だか気乗りのしないようなスイングをして凡退してしまう。

「面白い選手だなあ」

私は思わずそうつぶやいた。

おそらく本人はここぞというチャンスにだけ打てばいい、後の打席はどうでもいいなどと考えているわけではないだろう。何しろ毎年、3割を超えられるかどうかというラインぎりぎりにいて、超えれば一流の代名詞3割バッターと称され、超えられなければ2割バッターとなってしまう。もちろん年俸だって変わってくる。

できることならば、どんな場面でもムラなく打って、3割バッターの勲章も手に入れたい。そういう気持ちも持っていたはずだ。

ところが、どうしてもチャンスとそうでない場面ではどこかで気の持ちようが変わってしまう。早い話がチャンスでなければ気合いが入らない。

プロなんだから、どんなときでもしっかり打ちなさい。そう言ってみたところで、きっと変わらない。この選手はこれでいいのではないかと私は思った。チャンスが来れば絶対に打つ。そういう集中力もまたプロの一つの持ち味ではないか。それを失ったら魅力が半減してしまう。

チャンスに打席が回ってくれば高須は打つ。本人も、ベンチも、ファンも、そう思っている。そして、何より相手ピッチャーまでもが、そう思っているのだ。

「うわっ、このピンチに高須か。嫌だなあ」

そう思われているだけで、これは大変な高須のアドバンテージなのである。

必殺仕事人。これもまたプロの勲章の一つなのだ。

チャンスに強い人と弱い人、あるいはプレッシャーに強い人と弱い人。その差を考えてみると、やはり人間の本能的な面がかかわっているのではないか。人間の本能として、あるいは動物の本能として、弱い者ほど強く見せようとする。自信があって強い人というのは自分を強く見せようなどとはしない。いつでも淡々とやっている。

私は長年の経験から「俺が、俺が」と前に出ようとする選手はあまり信用しない。謙虚を美徳とするということが日本人の気質の中にある。これは野球においても必要な要素だと思っている。そういう選手のほうが人からも愛されるのだ。

なぜキューバ選手は練習をしないのか

キューバの選手が日本のプロ野球でプレーできるようになった。今までは特例として認められることはあったが、キューバ政府の決定によって二〇一四（平成二六）年からは正式にキューバ選手が日本でプレーすることが許可された。

それによって、巨人のフレデリク・セペダや横浜のユリエスキ・グリエルといったキューバの有力選手が日本のプロ野球のグラウンドで活躍している。これは両国の友好と野球の発展にとって非常に喜ばしいことである。

私は二〇〇二（平成一四）年から二〇〇五（平成一七）年までの間、社会人野球チーム、シダックスの監督を務めていたとき、キューバの選手をチームに迎えた経験がある。当時、キューバを代表する選手だったオレステス・キンデランとアントニオ・パチェコの二人である。

キンデランはオマール・リナレスと並ぶキューバの国民的英雄と呼ばれた選手であり、

天才的なバッターだった。パチェコは頭脳的な選手で、非常によく野球を知っていた。「将来はキューバで監督になりたい」と言っていた通り、後にパチェコはキューバ代表の監督になり、北京《ペキン》五輪では銀メダルに輝いた。

二人は二〇〇三（平成一五）年から二年間、シダックスでプレーした。彼らの活躍は二年連続都市対抗野球出場の原動力となり、とくに二〇〇三年のキンデランのバッティングは準優勝に大きく貢献した。全試合に四番で出場して4本塁打、外国人としては大会史上初めて「久慈賞」と「打撃賞」を受賞した。

それにしても、キューバ人選手の身体能力は桁外れだった。日本人から見ると、あの身体は「野球をやるために生まれてきた」としか思えないほど運動能力が高かった。足の速さ、肩の強さ、スイングのスピードとパンチ力。パワーといいスピードといい適応能力といい、とても私たちがマネのできるようなものではない。

バネがあって、しなやかでいて強い。そういう骨格と筋肉があれば、もう何の努力もなしでポンポン打てるのではないかと思うほどだった。

そして、冗談のような話だが、彼らは本当に何の努力もしなかった。ほとんど練習しない。まさに何もしないでホームランを打った。

「何でおまえたちは練習しないんだ?」

思いあまって質問すると、まったく悪びれずにこう答えた。

「疲れるからです」

私が「開いた口がふさがらないっていうのは、こういうことか」と思ったのは初めてのことだった。それで、ぶっつけ本番、打ってしまうのだからたまらない。

「試合で一〇〇パーセントの力を出し切るためには何もしないほうがいいんです」

キンデランはそう言った。まあ「温存」という考え方もわからなくはなかったが、軽い準備運動程度で後は何もしない。あの南海ホークス時代の天才、一切の努力をしたことがない広瀬でも、もう少し練習していた。キューバの天才はスケールが違うのか。

日本の考え方は「練習でできないことが試合でできるわけがない。だから繰り返し練習してできるようになるまでやって、それを実戦で発揮すればいい」というものだが、彼らにそういう概念はない。

もっとも二人ともそのとき三八歳という高齢だったからこそ、そういうスタイルでプレーできたのだろう。いくらキューバ人は身体能力が高い天才揃いだと言っても、若い選手は練習しているはずだ。

キューバには有名なベースボール・アカデミーという選手の強化機関があり、そこではみんな這い上がるためにがんばっている。ただ、キンデランのようなベテランになると、練習で消耗してしまうよりは本番で一〇〇パーセントの力を出すという考え方に立つのだろう。「ところ変われば品変わる」である。

プロ野球の可能性を広げる高齢選手の増加

昔に比べると、最近のプロ野球の選手寿命は飛躍的に長くなっている。四〇代で主軸を打ったり、ローテーションに入っていたりする選手は少しも珍しくなくなった。

中日の山本昌《やまもとまさ》に至っては、四〇代どころか五〇代が見えてきた。「果たして山本昌は五〇歳まで投げられるのか」というのは大谷の二刀流と並んでファンの関心事だと言ってもいいだろう。

「何とか五〇歳までプレーできないものだろうか」

　実は現役時代、私にもそういう夢があった。南海の選手兼任監督をクビになったのが四二歳。そこできっぱりユニフォームを脱ごうかとも思ったが、ロッテの金田正一監督からキャッチャーとして声をかけてもらった。

「よし、こうなったら生涯一捕手だ。ボロボロになるまで野球を続けよう。現役でやらせてくれる球団がある限り一年でも長くプレーしよう」

　そう心に決めた。四三歳でロッテの一兵卒となり、四四歳で西武ライオンズに呼んでもらった。そこで二年目を迎え、四五歳になった。

「五〇歳まで、あと五年か。よし、何とかがんばってみよう」

　そう思っていた。キャッチャーという仕事は年輪がものを言う。スルメと同じで嚙《か》めば嚙むほど味が出る。今までの知識と経験がこの頭に詰まっている。それがあれば体の衰えは十分カバーできるはずだ。そういう自信があった。何より気力は少しも衰えていない。

　俺はまだまだ野球をやりたい。もっともっと野球を究めたい。そういう意欲だけはなくしていなかった。

そして、もう一つ、そういう自分自身の思いとはまた別に、後輩たちのためにも選手寿命の概念を変えたい、もっと選手寿命を長く延ばしていきたいという気持ちがあった。

それまでは四〇歳まで現役を続ける選手というのは珍しかった。私が少しでも長くがんばることができれば、後に続く選手たちが「野村さんがあれだけできたんだから自分ももっと長くできるはずだ」と思ってくれるはずだ。

「プロ野球選手は若いうちはいいかもしれないけれど、四〇歳にもならないうちに定年が来る。終わってからの人生のほうが長いし、そっちのほうが大変じゃないか」

よくそう言われる。たしかにその通りだし、だからこそ私も選手たちには「ユニフォームを脱いでからのほうが長い。だから人生設計をきちんとしなさい。野球バカではいけない」と言い続けてきた。

しかし、「三五歳やそこらで現役が終わってしまうんだから」という印象と「四五歳でも立派にやっている選手がいる」という印象では、ずいぶん変わってくる。ましてや「五〇歳までできるんだ」ということになれば、世間の目も大きく変わる。

たとえば、息子がプロ野球に入団するべきかやめるべきかということを親が考える場合でも、そういう年齢に対するイメージは違ってくる。プロ野球にいい人材が一人でも多く入ってこられるように、年齢への固定観念を私に変えることができるならば少しは野球界への恩返しにもなるだろう。そんな思いもあったのだ。

しかし、結局、私は西武での二年目、四五歳で現役を引退する決意をした。「まだやれる」という思いはなくしていなかったし、自信もあったが、自分で身を引くことにした。

それはこういう出来事がきっかけだった。

シーズンも終わりに近づいてきたころの試合。試合終盤、1点ビハインドの展開で一死満塁のチャンスに私に打順が回ってきた。

「よっしゃ、外野フライでも同点だ。俺に任せろ」

そう思って打席に向かう途中、「おい、野村」と背中から根本陸夫《ねもとりくお》監督の声がした。「何かアドバイスでもあるのかな」と思っていたら「代わってくれ」と言う。

「え？　俺に代打？」と驚いた。今までそういうチャンスで代打を送られたことなど一度もない。憤りと落胆でベンチに腰掛けた。

「このやろー。代打なんか、上手くいくもんか。失敗しろ、こんな代打策」

そう思って見ていると、ショートゴロ、ダブルプレー。その試合は、そのまま負けてしまった。悪い祈りが通じたのを見て、私はそのとき、あろうことか「ざまあみろ」と思っていた。これは末期的症状である。こんな選手がチームにとっていい影響をもたらすわけもない。これはいよいよユニフォームを脱ぐべきときがやってきた。

肩の衰えも増してはいた。松沼博久《まつぬまひろひさ》とバッテリーを組んでいるときに、クイックモーションができない彼と弱肩の私のコンビは盗塁王福本に、いいように走られた。私は松沼に、ついこう愚痴った。

「おまえなあ、言いたくはないが、俺がセカンドに投げようとしたときには、もう福本はスライディングするところだったぞ。何とかもう少し小さなモーションにできんのか」

そういうことをネチネチ言うこと自体、もう潮時である。私の引退後、松沼のピッチングを見ると、立派なクイックモーションができていた。

「何だい、できるんじゃないか。おまえがもっと早くそうしてくれれば、俺はあと二、三年はやれたのに」

そんな冗談を飛ばしたものだった。

ユニフォームを脱ぐことを自分で決められる選手は、そう多くはない。ほとんどの選手は球団から「来年は契約しない」ということを言い渡されて引退せざるを得ない。そういう中で私のように長くやらせてもらった選手にもなると、球団も簡単にクビは切れない。本人の意思をできる限り尊重してやろうと配慮してくれている。

私がそのことを身をもって知ったのは、自分で決断して根本監督に報告に行ったときだった。

「今シーズン限りで引退させていただきます」

そう言った私に監督はあっさりこう答えた。

「そうか。長い間、ご苦労さん」

正直、もう少し引き止めてもらえるものだと思っていた。「せっかくここまでやってきたんだから、せめてあと一年ぐらいがんばってみたらどうだ」という一言ぐらいは言ってもらえるものだと思っていた。

「ああ、そういうことか。球団としては、もうやめてほしかったんだな」

そう気付いた。そして、正しいのは球団の評価のほうであって、私の希望や自信というのは単なる主観でしかないのだ。人の評価というものは自分が決めるものではなく、周りが決めるものなのだ。

プロ野球選手は、本来はそういう球団の評価によって「続けるべきか」「やめるべきか」を決めるのが客観的視点という意味においては正しいのだ。しかし、私の場合がそうであったように、球団としては本当はやめてほしいけれど、やめてくれとは言いにくい。「ここまでの選手なのだから出処進退は本人の意思に任せよう」という気遣いがある。簡単に言えば「ここまで来たら、好きなだけやらせてやろう」と思ってくれているのだ。選手の側にすれば、そういうふうに球団が配慮してくれているということを自覚しておくべきだ。山本昌にしても「五〇歳まで投げられるか」ということを決めるのは本人ではなくて本来は球団であり監督なのだ。

しかし、球団も山本昌をやすやすと解雇できない。それを山本のほうは理解しておくべきだ。自分の記録のためにチームに迷惑をかけるようなことがあってはいけない。そこに勘違いや過信があっては晩節を汚すことになってしまう。

よもやあれだけの選手がそういうことをわかっていないはずはあり得まい。これは私の老婆心であり杞憂《きゆう》であろう。山本昌の最高齢記録は私も大いに楽しみにしている一人である。

第五章　結果を出す指導者の条件

谷繁《たにしげ》兼任監督の成功の条件

二〇一四（平成二六）年、中日ドラゴンズに谷繁元信《もとのぶ》選手兼任監督が誕生した。一九七〇（昭和四五）年に私が南海の選手兼任監督となって以降、しばらくそういう監督はいなかったが、二〇〇六（平成一八）年、東京ヤクルトに古田敦也《ふるたあつや》選手兼任監督が就任して2シーズン務めた。谷繁はそれ以来の選手兼任監督。三人ともキャッチャーである。

キャッチャーというポジションは守備については監督と同等以上の仕事をしている。常に全体に目を配って失点を防ぐのがキャッチャーの任務だ。その意味では選手の中でもっとも監督の仕事に近いのがキャッチャーなのだ。

私はチーム作りの最重要ポイントはキャッチャーを作ることだと考えてきた。極端に言えば、いいキャッチャーが育てばチーム作りは五割以上達成したようなものだ。ヤクルト時代は古田、阪神時代は矢野燿大《やのあきひろ》、楽天時代は嶋基宏《しまもとひろ》。彼らの成長こそがチームの成長に直結した。彼らがしっかり仕事をしてくれることなしにはチームは機能しないとさえ言ってもよかった。

私が知る限り歴代の常勝球団には、かならず名捕手がいた。巨人V9時代の森祇晶、西武黄金時代の伊東勤《いとうつとむ》、近鉄の梨田昌孝、末席に私を加えて、この全員が後々監督としても優勝していることを思えば、キャッチャーが監督の適性を備えているということは実証されているのではないか。

そして、谷繁もまた落合博満《おちあいひろみつ》監督が築いた常勝中日の大黒柱としてキャッチャーを務めてきた。彼にも監督としての資質があるということに私も異論はない。ただ、選手兼任監督として成功できるかどうかは別の問題もある。これだけは両方を同時に経験した者でなければわからない難しさがある。

実は私自身、選手兼任監督の要請を受けたとき、固辞したほどだ。理由は簡単だ。そんなことは無理だからである。キャンプ一つ考えても、監督の仕事を全うしようと思えば、自分の練習などしている場合ではない。逆に、選手としていい成績を上げようと思うなら個人的な練習時間を確保しなければいけないが、それでは監督としてチーム作りにかける時間が取れない。

要は、どちらか一方しかない。監督要請を受けるなら、きっぱりバットをおくべきだし、現役で選手を続けるなら監督など引き受けるべきではない。私の場合は当時三四歳で、まだまだバリバリの現役のつもりだった。だから兼任監督を頼まれても、断固として断ったのだ。

それでも恩義のあるオーナーに懇願されれば、わがままを言ってもいられない。私が引き受けることが球団のためになるというなら、この身を捧《ささ》げる覚悟をしようと思った。

ただし、条件を付けさせてもらった。信頼できるヘッドコーチを付けてもらうこと。すなわち、当時、私がもっとも信頼していたドン・ブレイザーを参謀として迎えることを認めてもらった。

ブレイザーとは一九六七（昭和四二）年から三年間、南海でチームメイトとして一緒にプレーした。私は本場アメリカのベースボールやメジャーの情報が知りたくて、彼とよく食事に出かけ、いつまでも野球の話をしていた。

ブレイザーはメジャーリーガーとしては小柄な内野手だったが、非常にクレバーな男で、よく野球を知っていたし、よく考えてプレーをしている選手だった。

「野村、申し訳ないけれど、日本の野球は遅れている。それはパワーや技術の面以上に、こっちの面だ」

そう言って彼は自分の頭を指差した。つまり、日本の野球は「考える野球」ができていないという指摘だった。

あるとき、ブレイザーがこう聞いてきた。

「君がバッターボックスに入って、ヒットエンドランのサインが出たら、何を考える？」

「見逃しはダメ、空振りもダメ、フライもダメ。何とかしてゴロを転がして、ランナーを進めること」

「それだけか？」

「他に何かあるか？」

「それだけじゃ足りないな。一塁ランナーがスタートすると、セカンドかショートが二塁ベースに入るだろ。そのとき、どちらが入るかを見極めるんだ。セカンドが入ったらセカンド方向に狙い打つ。ショートが入るならショート方向に打つ」

今ではごく常識的なことだが、当時は日本の野球はまだそこまで考えてやってはいなかった。

そうした「ベースボールと野球の差」は一事が万事だった。彼が披露してくれる「シンキング・ベースボール」は、私の野球についての知的好奇心を大いに刺激してくれた。

私が監督の要請を受けたとき、すでにブレイザーの南海の選手としての仕事は終わっていた。そこで、これからはヘッドコーチとして兼任監督の私を支えてくれるという大事な仕事をしてほしいと思ったのだった。

後に兼任監督としてリーグ優勝を果たすことができたのは、彼の功績が非常に大きい。私が選手としての仕事に集中するべきときにそうできたのは、名参謀ブレイザーがベンチにいてくれたからである。

では、谷繁兼任監督はどうだろう。

「野村さん、谷繁兼任監督が成功するためには何が必要ですか？」

そう聞かれたとき、私はやはり自分がヘッドコーチに助けられたことに思い至る。

「いい参謀役をつけてもらうことでしょう。ヘッドコーチにしっかり仕事をしてもらえば谷繁監督は勝てると思います」

中日のヘッドコーチは森繁和《もりしげかず》。ピッチングコーチとしては立派なコーチで落合監督の優勝に大きな貢献をしたが、兼任監督のヘッドコーチとしてはどうだろう。私には古田兼任監督のヘッドコーチが伊東昭光《いとうあきみつ》コーチだったことを連想させた。伊東コーチもピッチングコーチとしてはいいコーチだとしても、兼任監督のヘッドコーチが適任だったのだろうかというと疑問が残る。

つまり、ピッチャー出身のコーチは兼任監督のヘッドコーチとしてふさわしいかどうかということだ。監督が選手としてプレーしているとき、ベンチを預かるのがヘッドコーチの務めだ。そこでは、グラウンド全体、試合全体に十分に目が行き届き、手が打てなければいけない。そういう仕事の適性ということでは、私はピッチャー出身のコーチよりも野手出身のコーチのほうに利があるような気がする。

野球の試合のベンチというのは重要な場所だ。あそこは休憩する場所ではなくて、備える場所であり、教育の場所なのだ。どんな激しい練習よりも試合こそが収穫の多い場所であり、学びの場なのだ。

目の前の試合の一球ごとに変わっていく展開をどう見て、どう感じて、どう活かすか。

それを監督やコーチは選手に指導していかなければいけない。だから私はいつでもキャッチャーをすぐ隣に座らせて試合を一緒に見るようにしていた。古田や矢野や嶋は、さぞや、うるさいオッサンの隣にいるのは苦痛だったことだろうが、それは彼らに必要なことだった。

そして、谷繁が選手として試合に出ている間、ヘッドコーチはそういう役目も果たさなければいけない。その任は野手やキャッチャー出身のコーチのほうが向いている。それに加えて、谷繁がベンチにいるときには、まさしく参謀として寄り添い、的確な進言を与えるのも務めなのだ。

中日のベンチを見ていると、森ヘッドコーチとともに辻コーチが谷繁に寄り添ったり、谷繁がいないときにはベンチで選手に指示を与えたりしているようだ。辻は選手としてもコーチとしても、名脇役としてチームを支えてきた得難い人材である。辻の存在と働きは兼任監督にとって心強いはずだ。辻コーチがキーマンとして監督を支えていくことができれば、中日は谷繁兼任監督を胴上げできる日が来るかもしれない。

指導者は嫌われることを怖れてはいけない

このご時世、若い人たちに媚《こ》びようとする指導者や、選手に嫌われることを怖れる監督が増えたとよく言われる。

子どもを叱れない親、生徒を怒れない教師、部下に媚びる上司、それが日本を弱体化させているという指摘がある。

たしかに、プロ野球の世界を見ても、選手を叱れない監督もいるし、選手のご機嫌を取るような監督もいる。

一方には、言うべきことをきちんと言い、叱るべきときは、ちゃんと叱る。選手に嫌われることを怖れることなく、厳しく指導する。そういう監督が当然、今もちゃんといる。

中日を常勝球団に生まれ変わらせたときの落合博満監督がそうであったし、楽天を初の日本一に導いた星野仙一《ほしのせんいち》監督もそうであろう。

二〇一四年、西武の監督に返り咲いた伊原春樹監督も、そういう監督でありたいと本人が願ってのことだったのだろう。前任の渡辺久信《わたなべひさのぶ》監督が掲げた選手の自主性を尊重する野球、のびのび野球が行き詰まった後に伊原監督が就任したというのは、球団としても伊原新監督としても「のびきったチームを引き締めて強い西武に立て直そう」という思いがあったはずだ。

伊原監督は、選手たちの野球に取り組む姿勢を正そうと規律を重視した改革を打ち出した。ダボダボのユニフォームを禁止することに始まって服装や態度についても細々と言及し、野球においては試合中一球ごとに指示命令を出すかのように細かい注文を選手に与えた。

しかし、残念ながら、その指導は選手たちに受け入れられることがないまま、開幕してわずか二カ月で監督の座を辞した。

かつて伊原監督がオリックスの監督を務めていたとき、その方針に納得いかなかった山﨑武司が不満をぶちまけて暴れたというのは有名なエピソードだ。いくら考え方が違っても、選手が監督に反抗していてはチームなど成り立たない。それは山﨑も十分に理解の上、ユニフォームを脱ぐ覚悟を決めての行動だったようだ。

その後、私が楽天の監督を務めていたときの山﨑の活躍は、今さら説明の必要もないだろう。一時は引退を覚悟したほどだった山﨑は三九歳にして打撃開眼。ホームラン王も獲得した。私の目には、彼が監督に向かって大暴れするような選手だというふうに見えたことは一度もなかった。

山﨑が球界でも有名な暴れ馬だというのは、きっとその通りなのだろう。そうしたエピソードをよく知っている記者たちと、こんな話をしたことがある。

「野村監督は、どうやって山﨑をあんなに上手に手なずけたんですか?」

「いや、とくに俺が何かをしたということはないよ」

「山﨑だけ甘やかすとか、反対に締め上げたとか……」

「どっちも俺がするわけないのは、あんたたちも、よう知ってるやないか」

「そうですよねえ。じゃあ何ででしょう?」

「バッティングの考え方について二人でよく話し合ったことはあるよ。そりゃあ、それが俺の仕事だもん、当たり前だよ」

「それ以外は何かありませんか?」

「俺はこの通り口が悪いから、山﨑にも他の選手たちと同じように文句は言うし、皮肉も言うよ。もちろん叱ることもある。でも、だれかがだれかに叱られたとき、『この人は愛情があって叱っているのか。それとも違うのか』というのは選手は敏感に感じるものだよ。そこじゃないか、強いて言えば」

人間は感情の動物である。プロ野球選手のように才能のある人の集まりは、みな強い自己愛を持っている。お互いがそうである組織の中では、「自分が自分が」という思いを強く持った指導者は選手と同じレベルで衝突してしまうことが少なくない。

指導者の基本は愛情。叱るにせよ、褒めるにせよ、基本はそこにしかないと私は信じている。

プロ出身者に高校野球監督の適性はあるか？

私の夢は高校野球の監督になることだった。監督として自分の母校を甲子園に連れていくのが夢であり野球人としての目標だった。

私の母校は京都府立峰山高校。高校野球の世界ではまったくの無名校である。甲子園にもっとも遠い高校の一つだった。京都は二〇一四年の選抜甲子園で優勝した龍谷大付属平安高校を筆頭に名門と呼ばれる高校が昔も今も少なからずあるが、当時甲子園に出場していたのは、ほとんどが京都市内近郊の学校ばかり。私たちのような郡部（当時は竹野郡。現・京丹波市）の学校から甲子園に出るというのは夢のような話だった。

その母校の監督になって、後輩たちを甲子園に連れていきたい。少なくとも甲子園を狙えるような強い野球部にしてみたい。それが目標だった。

高校を卒業して、テスト生として南海ホークスに入団したときも、プロ野球の選手になってお金を稼いで母の生活を楽にしてあげたいというのが目的ではあった。しかし、その母自身が「克也。おまえにはそんな華やかな世界で成功できる才能などない。ちゃんと地道な仕事を選びなさい」とプロ入りには大反対していた。

私は母に「三年間プロでがんばってみて、ダメなら帰ってくるから」と頼み込んで最終的には兄の口添えもあって許しを得たが、心の中ではこういう思いもあった。

「南海ホークスに入って、二軍でもいいから三年間、しっかり野球を勉強しよう。それで田舎に帰って母校の監督になろう」

当時、プロ野球を退団した後に高校野球の監督になった人たちは少なくなかった。元プロ野球選手が高校野球に携わることには何の制約もなかったのだ。プロ球界とアマチュア球界の間にトラブルが起きて、プロ野球出身者が高校野球の監督になる道が閉ざされてしまったのは、それからしばらく後のことだった。

野球の心技体について豊富な経験や高度な理論を身に付けたプロ野球出身者が、アマチュア選手の指導をしてはいけないなどというのは、まったく不可思議なルールである。とくに高校野球選手は人生において、もっとも大きく成長できるはずの時期なのに、そこにプロアマの大きな垣根を設けるのは、高校球児のためにも野球の発展のためにも著しいマイナスである。

「南海で三年間だけがんばってみよう」と思っていたところ、三年目に一軍に定着できたことによって、私は結果的に長きに渡ってプロ野球の世界でお世話になった。しかし、私自身はプロ野球選手として培ってきた経験やプロ野球監督として選手の指導者にあたってきた経験を高校球児たちに伝えたいという思いを忘れたことは一度もなかった。プロ野球の監督として日本シリーズで優勝を果たす前も果たしてからも、終始一貫、私の夢は高校野球の監督になって甲子園に出ることだった。

この間、プロ野球経験者が高校野球の監督になる道は、少しずつ少しずつではあるが広げられてはきた。教員の資格を取り、教師として教壇に上がる経験を何年か経れば、高校生たちと同じユニフォームを着て一緒に野球ができるようになった。教員になってからベンチに入ることが許されるまでの年数は徐々に短縮されていったが、そもそも教職資格を得ること自体のハードルが高いから、現実的には断念する人たちが圧倒的に多かった。

しかし、二〇一三年にはこの規制が大幅に緩和された。元プロ野球選手は教員にならなくても高校野球の監督になることができるようになったのだ。プロ側が開催する研修とアマチュア側が開催する研修の両方を受け、審査を通過すれば、高校生の指導をすることができるようになった。

この研修を多くのプロ出身者が受け、資格を得た。その中から秋田の明桜高校の監督に元阪急の八木茂《やぎしげる》が就任し、石川の金沢学院東高校の監督に元西武の金森栄治《かなもりえいじ》が就任して大きな話題となった。

私自身、高校野球の監督は夢であったから、彼らには大いに期待している。とくに金森は私がヤクルトの監督時代、選手と監督として、コーチと監督として、一緒にやってきた仲間である。金森が西武を自由契約になったとき、ヤクルトに呼んだのは私の判断だった。

金森は常にファイトあふれるプレーでチームを盛り上げてくれる選手だった。自分がプレーしていないときでもベンチで大きな声を出してプレーしている選手たちを勇気付け、いわゆるベンチのムードメーカーとしても貴重な戦力になれる選手だった。その明るさとファイトはコーチになってからも発揮され、彼を慕う選手たちも多かった。

そういう縁のある野球人が高校野球の世界で活躍してくれることは、私としても非常にうれしいことだ。

ただし、金森をはじめ、新しい制度のおかげで高校野球界に身を移したプロ出身者たちは、よくよく心してその任に当たらなければいけない。彼らがどんな指導者になり、どういう指導をするかということを日本中の野球ファンと野球関係者が固唾《かたず》を呑《の》んで見守っているということを片時も忘れてもらっては困る。

それは、甲子園に出るとか優勝するとかという問題ではない。野球で勝ったり負けたり、それは単なる結果であって、大切なのはそのプロセス、あるいは野球以前の問題だ。高校生は心も体も発展途上の「子ども」である。野球が上手くなったり甲子園に出たりすることと以前に、高校生として学んだり身に付けたりすることがたくさんあるということを指導者は思い知らなければいけない。

心ある高校野球の指導者は、これまで声を揃えてこう言っていた。

「高校野球選手に教えるのは野球のことよりも野球以前のことが多い」

それは勉強のことであり、生活態度のことであり、人間形成についてであり、生徒たちの将来についてのことだ。その次にやっと、野球に取り組む姿勢や体作り、そして野球の技術や理論について指導していくというわけだ。

「高校野球は教育の一環」と言われる。ときにそれがきれい事に聞こえるときもあったが、今こそ高校野球に携わるプロ野球出身者は、この言葉を肝に銘じなければならない。

今、こうして元プロが高校野球に受け入れられたということは日本の野球界にとって歴史的な出来事だ。画期的な規制緩和である。そして、その門戸が開かれた中で、その道を作り始めているのが金森たちなのである。

「何だ。元プロって、野球は知っているかもしれないけれど、高校生を指導できる器じゃないじゃないか」などと言われたらおしまいなのだ。

そんなことにならないように、これから高校野球に携わるプロ出身者は野球の技術指導以上に大事なことを自らに日々言い聞かせながら高校生の前に立ってほしい。高校野球を元プロ野球選手の「いい再就職先ができた」などと、よもや考えないでほしいと強く願っている。

もちろん金森たちの心の中には「野球界への恩返し」や「高校球児たちと一緒に夢を追いかけたい」「球児たちの成長を応援したい」という純粋な思いがあふれていると私は信じている。であればこそ、プロ野球選手への指導以上に高校生への指導は難しく気高いものだという自覚を持ってユニフォームを着てほしいと思う。

もし私が高校野球の監督になったら……

よき野球選手である前に、よき社会人であれ。私はプロ野球の監督としてプロ野球選手たちにそう言い続けてきた。野球を職業とする人たちに対してそう言ってきたぐらいだから、もし私が高校野球の監督になったとしたら、やはり、真っ先にこう言うであろう。

よき高校野球選手である前に、よき高校生であれ。どんなに野球が上手くても野球バカではいけない。

言うまでもなく高校生は野球が本分ではない。高校生として勉強し、高校生として恥ずかしくない生活を送り、その上で野球がある。文武両道を旨とせよ。

高校球児の中で将来プロ野球選手になるのはほんの一握りだ。圧倒的多数の選手は進学や就職、これから大学生や社会人として世の中に出ていくための大切な準備をするのが高校生活三年間である。「野球だけは上手くなったけど……」「甲子園には出たけれど……」という「……」では困るのだ。

プロ野球のミーティングの席でも私は野球の戦術以上に人間教育を心がけてきた。ましてや高校野球は教育の一環。野球選手を育てるのではなく、人を育てる指導ができないようなら監督になるべきではないだろう。

かつて私は現役の選手を引退して評論家として活動していたとき、中学生の硬式野球チームの指導をしていたことがある。野球の指導という意味では、基本はプロも中学生も同じと言えば同じであるが、やはり一四歳相手と三四歳相手の指導では大きく異なる面が多い。では、いざ高校生に指導するとき、プロ野球選手への指導と中学生への指導のどちらに近いかと言えば、プロ野球選手というよりも中学生に近い部分が多いような気がする。

その一つは、論より証拠。理論より実技。高校生に理論から入ってしまうと消化不良を起こしてしまう。もちろん理論は大切だが、実技とのバランスに気を付けなければいけない。経験が裏打ちされてこその理論。人から言葉で教えられたり、本を読んで頭に入れた知識というのは、たとえ正しい理論でも本物にはなり得ない。「知っている、頭でわかっている」を「できる」にしていくためには、まず「やってみる」「やってみせる」ということが必要だ。

「わかっている」ことを「できる」にするためには努力が必要だ。反復練習が必要だ。その必要性を理解させること。つまり、いかに努力ということが大切かを高校生のうちに知るということ。これは野球の勝敗以上に将来役に立つはずだ。「高校生のとき、自分はあれをやり抜いた」という経験や「あのとき自分はこういう努力をしてこれができるようになった」という成功体験は大きな自信となり、その後の人生の心の糧になっていくはずだ。こういうことができる高校野球選手になれば、野球は自ずと上手くなり結果も出るようになっていく。そういう体験が少しずつでもできるような目標設定をさせてあげることが大切ではないか。

プロ野球の指導者は決定的な人材不足

プロ野球出身者が高校野球の指導者になる道が開かれたことは素晴らしいことだ。ただし、それは資格を得るための研修会が十分な内容であるかどうかを永続的に検証していく必要がある。

もし今後、高校生を指導する力量が精神的にも技術的にも未熟な人が出てきた場合には、当然、その研修内容や研修期間の見直しの必要性が叫ばれることになるだろうが、そういうことが起こらないようにしていくための検討はいくらやってもやりすぎということはない。

そもそも私はプロがアマチュアに指導者を派遣する以前に、現状のプロ野球界において、いい指導者が不足していると思っている。プロ野球界に指導者の人材が足りないのだ。プロというのは専門家。プロ野球に携わる人は野球の専門家でなければいけない。そういう指導がプロ野球の世界の中で十分に行なわれているかと言えば、私は決定的に不足していると思っている。

プロだから勝てればいい、プロだからお客を呼べればいい、プロだから儲《もう》かればいいという単純な考えのもとで永続的に栄え続けた業界が、かつてあるだろうか。一つとしてないはずだ。

昔はこれで十分だった、これで成り立っていたという発想では通用しない。それが今の日本の世の中だ。その中でプロ野球だけが、昔からこうやってきたから、という理由でぬくぬくとやっていて繁栄していけるのだろうか。私には、とてもそう思えない。

プロ野球を見ることが娯楽の殿堂だった時代ならばそれで通用していたことでも、この価値観の多様化と情報化した社会の中では通用しない。そういうことが野球の世界の中にずいぶん顕在化してきたように見える。

野球とは深く考えてもできるし、あまり考えなくてもできるスポーツだ。つまり、同じプロ野球という職業に就いている人でも、よく考えてよく努力しても仕事になるし、それほど考えなくても仕事になるということだ。

ただし、それも「それが通用していた時代」と「もはやそれは通用しない時代」の認識がどれだけあるか。その危機感を一二球団やコミッショナーがどれだけ共有しているのか。今、プロ野球にとって、それはきわめて重要な問題だ。

巨人戦のナイター中継が地上波で放送されなくなったこの時代、黙っていても巨人戦のチケットが飛ぶように売れた時代と同じ意識のままでよいとはとても思えない。プロ野球がプロ野球の価値観を存続させていくためには現状維持の努力だけで足りようはずがない。野球の中身はもちろんのこと、選手や球団の質を高めていかなければ先細ってしまうだろう。

そうならないためには球界内で人材育成を進めていく必要がある。とくに指導者の育成は欠かせない。野球の専門家たるプロ野球の指導者を育成しなければ、プロ野球の魅力も質も、どんどん低下していくことだろう。

コミッショナーをはじめプロ野球機構や一二球団のトップたちは、指導者育成のための研修会を積極的に開催するべきだ。高校野球の監督になるための研修だけで喜んでいる場合ではない。プロとしてプロに指導できる監督やコーチの人材育成。そのための研修会を行なっていくべきだ。

サッカーの世界には早くから指導者のライセンス制度がある。どんなスター選手や実績があるプレーヤーでもライセンスを持っていなければ監督にもコーチにもなれない。ちゃんとその資格があるというふうに連盟が認定できるような研修や資格試験を設けることはプロフェッショナルとして当然のことだ。

医者が医師免許を取得するために勉強するのは当たり前のことだし、弁護士が司法試験に合格するために努力するのはプロとして当然のことだ。プロ野球のコーチだけが、「僕、実はあまり野球のことは知らないんです」というような人が務めることが許されていいのだろうか。私にはとてもそう思えない。少なくとも、「許された時代もあったけれど、もうそれでは通用しない」というところまで来ているのではないだろうか。

それにしても、現在、各球団の監督やコーチとしてユニフォームを着ている人たちを見ると、「この人が指導者か?」という人が少なくない。こうなった原因の一つには、巨人の原辰徳《はらたつのり》監督のコーチングスタッフ形成方法に一因があるような気がする。

原監督は見ての通り、ナイスガイでジャイアンツ愛にあふれ、野球への熱い情熱を持った監督だ。ただ、原内閣の組閣は、どうも「お友だち内閣」に見える。原監督と仲のいい人たちをコーチに据え、原監督を囲んで原ファミリーが気持ちよく野球をしている。そんな印象を受ける。

そうなるとコーチの専門性や適材適所、参謀や軍師ということよりも仲の良さや処世術が横行しやすい。原監督は何度も巨人を優勝に導き、名将への道を一歩一歩、歩んできた。しかし、原監督の仲良しグループによるコーチングスタッフだけはどうも気になる。他球団も同じように原内閣の組閣方法に倣っているように見受けられるからなおさら気になるのだ。

私が監督を務めてきた中で、選手たちに問い続けてきたことがある。

「プロ意識とは何ぞや?」

ということだ。

プロ意識とは「恥の意識」と同義語である。「プロとして恥ずかしい」という意識を常に持っていなければいけない。「プロなのに、こんなことも知らないのか」「プロのくせにそんなプレーをするのか」と思われてはいけない。

ファンにそんなマイナスイメージを与えることは、プロとしてこれほど恥ずかしいことはない。そういうことがないようにするために、日ごろから体を鍛え、技を磨き、心を整え、専門知識を身に付ける。それがプロ野球の選手でありコーチであり監督の務めなのだ。

アマチュアの人たちやファンの人たちというのは、私たちプロ野球の人間は野球のことなら何でも知っていて、愚かしいマネなど絶対にしないというふうに思って接してきたり見つめていたりするものだ。そういう人たちに対して「え？　プロって、その程度なの？専門家だったんじゃないの？」と思われるのは非常に恥ずかしいことなのだ。

私が中学生の硬式野球チームの指導者を務めていたときのことだ。あるとき、ミーティングの最後に「何か質問はあるか？」と聞いた私に一人の選手が手を挙げて、こんな質問をぶつけてきた。

「野球って、なぜ、野球って言うんですか?」

そんなことは私もそれまで一度も考えたこともなければ調べてみようと思ったこともなかった。たしかに言われてみると疑問が生じる。英語の「ベースボール」をそのまま日本語に訳せば「塁球」になっているほうが自然だ。なぜそうではなくて「野球」と呼ぶようになったのだろう。

この質問には正直、参ってしまった。たしか昔、正岡子規がどうしたこうしたという話を聞いた覚えはある。しかし、まったくもって定かではない。その場でいい加減なことを答えるわけにはいかない。もし適当なことを言ったら、中学生たちはみんなそれを信じてしまう。

「元プロ野球の野村監督が野球のことでウソを言ったりまちがったことを言ったりするはずがない」

彼らはみなそう信じているのだ。私は彼らにこう言った。

「一日だけ時間をくれ」

私はその晩、文献に当たって正しい答えをさがしてみた。ベースボールが日本に来たばかりのころは、まだ球場もなく野原で球を追いかけていた。だから「野球」と呼ぶようになったという話が出てきた。

さらに「ベースボールを初めて野球と訳したのは正岡子規だという説もあるが、もっとも有力なのは、第一高等中学校の野球部員だった中馬庚《ちゅうまかのえ》という説である」という信憑性《しんぴょうせい》の高い文献が見つかった。

どうやら正岡子規というのは俗説であり、子規の幼名が「升《のぼる》」だったことから「野球《のぼーる》」という雅号を用いていたことが誤解されたということらしい。ただ子規が大の野球好きだったことは有名で、今でも残っている野球用語を彼が数多く訳したのも事実だという。その功績が称えられ、正岡子規は二〇〇二年に野球殿堂入りしている。

それにしても、質問を受けた直後に「それは正岡子規という人が訳したんだよ」などと、その場しのぎのことを言わなくて本当によかった。

中学生とは、こうした素朴な質問を常にぶつけてくる。その中には鋭く本質をついたものもあるし、ほほえましいものもある。

しかし、プロ野球の世界にいるものとして、そうした疑問や質問にはできる限り答えられるだけの勉強や準備はしていたいものだ。

中馬庚という人の名前を知っているプロ野球選手が何人いるかわからないが、知っているに越したことはない。

私は監督を務めている間、キャンプでは毎晩のようにミーティングを重ね、選手にいろいろな話をしたり、問いかけをしたりしてきたが、ミーティングを始める前に、かならず言っていたセリフがある。

「知らないよりは知っていたほうがいい。考えないよりは考えたほうがいい。さあ、今日も始めよう」

これがミーティングの「プレイボール」の合図だった。

なぜ私はボヤくのか

「野村監督は、なぜそんなにいつもボヤいてばかりいるんですか？」

そう聞かれることがある。

その答えの一つは「根っからのキャッチャー人間だから」ということがある。

キャッチャーというのは、常に完全なる試合を求めている。完璧な配球、理想的なピッチングでバッターを打ち取りたいと考える習性がある。理想主義、完璧主義、それがキャッチャーの性分だ。

しかし、現実にはピッチャーはそういうふうには投げてくれない。コントロールミスはするし、こちらの意図を理解してくれないし、思ったような配球で狙い通りにピタッと抑えるということはそうそうできない。あるいは、キャッチャーの配球自体がまちがっていることもあるし、狙いが外れていることもある。

そんなふうに、理想と現実には常にギャップがある。まったく理想通りには事が運ばない。だからボヤく。

「ああ、またピッチャーがあんなところに投げて打たれちゃったよ」

「ああ、あそこはやっぱり変化球で行くべきだったなあ」

そうボヤくことになる。いつも配球を考え、常に理想を追いかけているからそうなってしまうのだ。

監督としてもそうだ。これはキャッチャーのときにも行なっていたことだが、監督というのは、1試合ごとに三度プレイボールがある。試合の前の日、頭でシミュレーションをして1試合、本番の試合で1試合、その反省でもう1試合。

その中で、実際の試合がシミュレーション通り、理想的な勝ち方をするのは年に数試合あるかどうか。ほとんどはそうならない。それでまたそのギャップに対してボヤくことになる。

私は昔も今も処世術というものがない。思ったことをそのまま言う。どんな相手に対してもそうだ。相手が偉い人だろうが、敵だろうが味方だろうが、言いたいことを言ってしまう。

「ここは黙っておいたほうがいい」とか「これをはっきり言ってしまったら相手が気を悪くするんじゃないか」「こんなことをズバッと言ったらこっちが損をするんじゃないか」ということを考えて言葉を濁したり押し黙ったりということが、まったくできない。

そのおかげで敵を作ったり損をしたりすることも多々あるが、そのかわり、言いたいことを言ってきたのでお腹の中にヘンなものがたまるということがない。だから私にはストレスというものが一切ない。

「あなたのストレス解消法は何ですか」という定番の質問に対する私の答えは「今までストレスを感じたことは一度もありません」ということだ。強いてストレス解消法を挙げるとするならば、「言いたいことを言うこと」ということになるだろう。つまり、ボヤくことこそ私のストレス解消法であり、健康の秘訣《ひけつ》なのかもしれない。

おわりに

楽天の監督を退いたのは七四歳のときだった。

就任して四年。何とかチームも形になってきて、球団創設以来最高の二位になった。初のクライマックスシリーズに挑もうと選手も監督も張り切っている最中に「来年は契約をしません」と球団から言い渡された。

もしここで勝って日本シリーズに出ることになっても、その方針に変更はないという。球団の説明では「成績ではなく、契約満了がその理由」ということだった。そして、高齢であることも理由のようだった。

私たちは雇われの身、契約があっての監督業、その契約が終了となったら素直に従う以外に術はない。ただ、惜しむらくは、せめてあと一年やらせてもらえば、さらなるチーム強化と好成績を出せる自信があった。

高齢ということについても、まったくそういう意識は持っていなかった。病気一つしたことがないし、気力も体力も衰えは感じていなかった。

「野村監督は年齢的な衰えをどうやって乗り越えましたか?」

そういう質問をされると、私はいつでもこう答えてきた。

「生まれてからこの歳まで衰えを感じたことは一度もありません」

それは本心だ。体力や運動能力や肉体の老化は人並みにあるが、少なくとも脳の老化を感じたことは一度もない。

「記憶力や思考力が落ちたと感じたことはありませんか?」

そう聞かれても、正直にこう答える。

「この歳になるまで、まったくありません。ついでに申しますが、気力や意欲の衰えも感じたことはありません」

「いったい、それはどうしてですか?　そんなふうに脳を活性化させる秘訣をぜひ教えてください」

「その答えはたった一つしかありません。野球が大好きだからです」

ここまで長い間、何よりも大好きな野球に携わらせてもらったこと、それが私の脳を若いときのままでいさせてくれているのだ。野球についての思考力、記憶力、洞察力、観察力、それは前年より増すことはあっても減ることはない。大好きな野球であればこそ、興味も関心も尽きることがない。ボケている暇もなければ衰えている暇もない。

野球が好きで、野球が見たくて、見ればまた考えたくて、考えればまた見たくなる。そして、何度でもこうやって野球について書いたり語ったりしたくなる。

ありがたいことに、野球界には私の興味関心をいつまでも引き延ばしてくれる新しい素材が毎年毎年現れる。マー君の次は大谷や藤浪晋太郎《ふじなみしんたろう》、松井裕樹《まついゆうき》、キャッチャーを見れば西武に森友哉《もりともや》という非常に楽しみな選手が現れた。

こういう新しい選手を見るのも楽しいし、長くプレーしている選手や縁のあるチームの動向も毎年変動するから目が離せない。それを注視して、考えて、それについて語ろうとし続けていれば、いったいどうやってボケればいいのか本当にわからないのだ。

人間、何が幸せかと言って、好きなことをずっと好きなままやれて、それに携わり続けられることだと思う。それはこの歳になってみると、つくづくそう感じる。

「野村監督の記憶力の秘密は何ですか？」

その質問に対する答えも「野球が好きだから」である。人間、好きなことは忘れない。初恋の人のことはだれしも生涯、忘れないはずだ。私にとって、野球とはそういうものだ。記憶が薄らぐことはあり得ない。

私はもっと野球が知りたいし、勉強したいし、理解したい。その思いがある限り、記憶力も思考力も自然に磨き続けられているのだろう。野球は、まだまだ難しい。野球はまだまだわからない。

おそらく『野村ノート』は一生完成しないし、『野村の考え』も生涯まとまりきることはないだろう。それほど野球は奥が深く、まだまだ先がある。つまり、私の脳や気力や興味関心も尽きることがないということだ。

野球に感謝。野球と出会えたこと、そして、多くの野球人に出会えたことが私の生涯の財産である。

野村克也（のむら　かつや）

一九三五年京都府生まれ。野球解説者。京都府立峰山高校卒業後、五四年にテスト生として南海ホークスに捕手として入団。戦後初の三冠王、歴代二位の通算六五七本塁打など多くの記録を樹立。七〇年に南海でプレーイング・マネージャーに就任以降、ヤクルト、阪神、楽天等で監督を歴任する。著書に『野村ノート』（小学館文庫）、『私の教え子ベストナイン』（光文社新書）ほか多数。

なぜか結果《けっか》を出す人《ひと》の理由《りゆう》

集英社新書〇七六五B

二〇一四年一一月一九日　第一刷発行
二〇二〇年　六　月一四日　第六刷発行

著者……野村克也《のむらかつや》
発行者……茨木政彦
発行所……株式会社集英社
東京都千代田区一ツ橋二-五-一〇　郵便番号一〇一-八〇五〇
電話　〇三-三二三〇-六三九一（編集部）
〇三-三二三〇-六〇八〇（読者係）
〇三-三二三〇-六三九三（販売部）書店専用

装幀……原　研哉
印刷所……凸版印刷株式会社
製本所……加藤製本株式会社

定価はカバーに表示してあります。

ISBN 978-4-08-720765-1 C0236

集英社新書　好評既刊

哲学・思想――C

日本の行く道　橋本　治
「世逃げ」のすすめ　ひろさちや
悩む力　姜　尚中
夫婦の格式　橋田壽賀子
神と仏の風景「こころの道」　廣川勝美
無の道を生きる――禅の辻説法　有馬賴底
新左翼とロスジェネ　鈴木英生
虚人のすすめ　康　芳夫
自由をつくる　自在に生きる　森　博嗣
創るセンス　工作の思考　森　博嗣
天皇とアメリカ　吉見俊哉　テッサ・モーリス-スズキ
努力しない生き方　桜井章一
いい人ぶらずに生きてみよう　千　玄室
不幸になる生き方　勝間和代
生きるチカラ　植島啓司
韓国人の作法　金　栄勲
強く生きるために読む古典　岡　敦
自分探しと楽しさについて　森　博嗣
人生はうしろ向きに　南條竹則
日本の大転換　中沢新一
空《くう》の智慧、科学のこころ　ダライ・ラマ十四世　茂木健一郎
小さな「悟り」を積み重ねる　アルボムッレ・スマナサーラ
科学と宗教と死　加賀乙彦
犠牲のシステム　福島・沖縄　高橋哲哉
気の持ちようの幸福論　小島慶子
日本の聖地ベスト100　植島啓司
続・悩む力　姜　尚中
心を癒す言葉の花束　アルフォンス・デーケン
自分を抱きしめてあげたい日に　落合恵子
その未来はどうなの？　橋本　治
荒天の武学　内田　樹　光岡英稔
武術と医術　人を活かすメソッド　甲野善紀　小池弘人
不安が力になる　ジョン・キム

a pilot of wisdom

集英社新書　好評既刊

安倍官邸と新聞「二極化する報道」の危機
徳山喜雄　0751-A
安倍政権下の新聞は「応援団」VS.「アンチ」という構図で分断されている。各紙報道の背景を読み解く。

日本映画史110年
四方田犬彦　0752-F
『日本映画史100年』の増補改訂版。黒澤映画から宮崎アニメ、最新の映画事情までを網羅した決定版。

ニッポン景観論〈ヴィジュアル版〉
アレックス・カー　036-V
日本の景観破壊の実態を写真で解説し、美しい景観を取り戻すための施策を提言する、ヴィジュアル文明批評。

ブッダをたずねて 仏教二五〇〇年の歴史
立川武蔵　0754-C
アジアを貫く一大思潮である仏教の基本と、「ほとけ」の多様性を知ることができる、仏教入門書の決定版。

世界を戦争に導くグローバリズム
中野剛志　0755-A
『TPP亡国論』で、日米関係の歪みを鋭い洞察力でえぐった著者が、覇権戦争の危機を予見する衝撃作！

誰が「知」を独占するのか ――デジタルアーカイブ戦争
福井健策　0756-A
アメリカ企業が主導する「知の覇権戦争」の最新事情と、日本独自の情報インフラ整備の必要性を説く。

儲かる農業論 エネルギー兼業農家のすすめ
金子 勝／武本俊彦　0757-A
「儲からない」といわれる農業の未来を、小規模農家による「エネルギー兼業」に見いだす、革新的農業論。

「謎」の進学校 麻布の教え
神田憲行　0758-E
独自の教育で「進学校」のイメージを裏切り続ける麻布。その魅力を徹底取材で解明！

国家と秘密 隠される公文書
久保 亨／瀬畑 源　0759-A
第二次大戦後から福島第一原発事故まで。情報を隠蔽し責任を曖昧にする、国家の無責任の体系の原因に迫る。

読書狂《ビブリオマニア》の冒険は終わらない！
三上 延／倉田英之　0760-F
ベストセラー作家にして希代の読書狂である著者ふたりによる、本をネタにしたトークバトルが開幕！